封泥考略

卷一至卷四

點校本

(清)吳式芬 (清)陳介祺 輯
張月好 點校

西泠印社出版社

點校説明

封泥最早發現于清道光二年（一八二二），是四川的一個農民在地裏挖山藥時偶然發現的。當時他從一個坑窖起出了一百多枚扁泥塊，上面都有文字。這批『泥塊』後被古董商販收購，販至京師，在販運途中損壞大半，其餘被劉喜海、龔自珍、閻帖軒等人購得。晚清至民國期間，在四川、山東、陝西等地出土了大量封泥，大部分被私人收藏家購藏。

吴式芬（一七九六—一八五六），字子苾，號誦孫，山東海豐人。道光十五年（一八三五）進士，官至內閣學士。嗜金石，精于鑒藏。曾輯自藏印成《雙虞壺齋印存》。陳介祺（一八一三—一八八四），字壽卿，號簠齋，晚號海濱病史等，山東濰縣人。道光二十五年（一八四五）進士。所藏古璽和秦漢印極多，于光緒九年（一八八三）輯成《十鐘山房印舉》，收印計一萬零二百八十四方，爲古今印譜之最。吴、陳兩家爲姻親，也是收藏、研究封泥較早，收藏量較多的兩家，共計在千枚以上。正是在藏量如此豐富的情況下，吴式芬（逝後由其子吴重熹操辦）與陳介祺對自藏封泥進行了篩選，并對印文進行了考證，輯成《封泥考略》十卷。

《封泥考略》刊印于清光緒甲辰（一九〇四），前有『海豐吴氏、濰縣陳氏所藏輯成，十卷，光緒甲辰之秋印于滬上』牌記。此書刊印時間距今不久，存世數量較多。本次點校以美國伊利諾伊大學厄巴納-香檳分校（University of Illinois at Urbana-Champaign）所藏刻本爲底本。此本卷一扉頁、其餘各卷目録首頁鈐有『公安廖氏竹林齋藏書』印。『公安廖氏』即廖奂亭［一八八四—一九五四，武汉出版社一九九八年版《荆楚詩詞大觀（續集）》稱其生于一八八六年］，湖北公安人，『竹林齋』爲其齋室名。據二〇二二年第四期《新世紀圖書館》所載陳松林所撰《伊利諾伊大學圖書館藏漢籍來源與文獻價值考述》一文，此本《封泥考略》爲伊利諾伊大學圖書館從廖奂亭次子廖仲周處購得。

點校中以『續修四庫全書』所收藏于復旦大學圖書館的刻本進行核校，參以藏于中國國家圖書館的光緒年間稿本（以下簡稱『稿本』）。若刻本誤而稿本不誤，則在校記中説明『稿本作某』或『稿本不誤』；刻本、稿本皆誤，則直接出校。

本次點校對《封泥考略》中所引各書亦進行了核對，其中《史記》所用版本爲宋乾道七年蔡夢弼東塾刻本、宋建安黄善夫家塾刻本、宋淳熙三年張杅桐川郡齋刻八年耿秉重修本、『百衲本』、中華書局『點校本二十四史修訂本』，《漢書》爲宋慶元元年建安劉元起刻本、宋嘉定十七年白鷺洲書院刻本、宋蔡琪家塾刻本、北宋刻遞修本、『百衲本』、中華書局點校本『二十四史』本，《後漢書》爲北宋刻遞修本、宋白鷺洲書院刻本、宋紹興江南東路轉運司刻宋元遞修本、宋建安黄善夫刻本、『百衲本』、中華書局點校本『二十四史』本，在校記中不再一一説明。

爲了既盡可能保持原書面貌，又便于讀者閲讀，本書采用原大影印，句讀加于原書，于卷末出校記的形式。

由于点校者學識有限，書中難免謬誤，望方家不吝賜教。

張月好

二〇二二年四月

封泥攷略

海豐吳氏
濰縣陳氏
所藏輯成
十卷光緒
甲辰之秋
印于滬上

封泥攷略卷一目

海豐吳式芬子苾
濰縣陳介祺壽卿　同輯

漢朝官印封泥

丞相

丞相之印章吳臧

御史大夫屬官附

御史大夫陳臧

御史大夫吳臧

御史大夫章吳臧

御史大夫章陳臧

□史□夫章上半缺　陳臧

御史中丞 吳臧

御史府印 吳臧

御史府印 吳臧

御史府印 吳臧

大司空印章 陳臧

列將軍 年表目有此三字

强弩將軍 年表有强弩將軍許延壽 吳臧

雜號將軍 續漢書百官志有此四字

裨將軍印章 陳臧

屬官坿

戈船候印　陳臧

戈船候印　陳臧

奉常屬官

奉常丞印　陳臧

太史令之印　陳臧

孝文廟令　陳臧

孝景園令　吳臧

孝惠寢丞　陳臧

杜丞半通印　吳藏
長陵丞印陳藏
長陵丞印吳藏
安陵丞印陳藏
頃圍長印坿　吳藏
□祠□長上半缺坿　陳藏
郎中令屬官坿
光祿勳印章陳藏
光□勳□章下半缺　吳藏

中宮謁丞 陳臧

中郎將印章 陳臧

衛尉 屬官坿

衛尉之印章 右半泐。衛尉二字尚可辨 陳臧

衛士丞印 陳臧

衛□丞□ 下半缺坿 陳臧

都候丞印 吳臧

太僕 屬官坿

太僕之印 吳臧

太僕丞印 陳臧

家馬丞印 陳臧

車府丞印 陳臧

騎馬丞印 吳臧

中車司馬封 陳臧

廷尉

廷尉之印章 陳臧

典客屬官

行人令印 陳臧

尚書令印 陳臧

大官丞印 陳臧

大官丞印 陳臧

大官丞印 陳臧

大官丞印 吳臧

大官丞印 吳臧

大官長丞 陳臧

湯官飲監□ 左半缺一二字未可定 陳臧

導官導丞 陳臧

居室丞印 陳臧

居室丞印 吳臧

居室丞印 吳臧

東織□□ 左半缺 吳臧

宦者丞印 陳臧

少府銅丞 吳臧

少内 半通印坿 陳臧

中尉 屬官

中壘右尉 陳臧

都船丞印 陳臧

都船丞印 陳臧

廣左都尉 陳臧

廣左都尉 陳臧

中騎千人 坿 陳臧

將作少府 屬官坿

大匠丞印 吳臧

左校丞印 陳臧

詹事 屬官

私官丞印 吳臧
長信私丞 陳臧
長信宦丞 陳臧
長信倉印 陳臧

典屬國

□□國印章 右半缺 陳臧

水衡都尉 屬官

上林丞印 陳臧
上林丞印 吳臧

上林尉印 陳臧

御羞丞印 陳臧

禁圃左丞 陳臧

宜春左園 坿 陳臧

　內史 屬官坿

內史之印 陳臧

內史之印 陳臧

內史之印 陳臧

左馮翊印章 吳臧

長安市令　陳臧

市丞半通印埒　陳臧

主爵中尉即右扶風屬官

掌畜丞印　陳臧

掌畜丞印　陳臧

封泥攷略卷一

古鉩封泥

右封泥七字古鉩文曰。左司馬聞竘私鉩。出臨葘。自是官齊

左司馬者。聞姓。以凶德爲氏。又風俗通。少正卯。魯之聞人。遂以聞人爲氏。皆人名。即竘。說文。竘。健也。一曰匠也。从立句聲。讀若齵。逸周書有竘匠。此曰姓名私鉥。而前有官名。是漢銅印裨將軍張賽之類。所由昉也。泥下有細文。不似版痕。似非施於簡牘者。眞封泥中奇古之制矣。

古鉥封泥

右封泥四字古私鉥文曰。宋連私鉥。出臨菑。

古鉥封泥

右封泥四字。古鉥文曰。粕□□□。下三字不可審釋。出臨菑。似是封於酒器者。非簡牘之用也。弟一字粕。說文無。淮南子道應。注。粕已漉之精也。一切經音義三引淮南許注。已盪酒曰粕也。〔三〕文選文賦引莊子司馬注。爛食曰粕。

皇帝信璽封泥

右封泥四字璽文曰。皇帝信璽。信璽。漢帝發兵徵大臣所用也。桉續漢書輿服志黄赤綬注漢舊儀曰。璽皆白玉螭虎紐。文曰皇帝行璽。皇帝之璽。皇帝信璽。天子行璽。天子之璽。天子信璽。凡六璽。皇帝行璽。凡封之璽賜諸侯王書。信璽。發兵徵大臣。天子行璽。策拜外國事。天地鬼神璽。皆以武都紫泥封。青囊白素裏。兩端無縫。尺一板中約署。皇帝帶綬黃地六采。不佩璽。璽以金銀縢組。侍中組負以從。秦以前民皆佩綬。金玉銀銅犀象爲方寸璽。各服所好。又百官志守宮令一人。本注曰。主御紙筆墨及尚書財用諸物及封泥。今按後漢書李雲傳尺一之板。注。詔策也。漢書昌邑王髆傳持牘趨謁。原涉傳削牘爲疏。外戚傳手書對牘背。並注。牘。木簡也。又周勃傳吏乃書牘背示之。注。牘。木簡以書辭也。說文解字。牘。書版也。後漢書北海靖王興傳蔡邕傳注。同史記匈奴傳。漢遺單于書。牘以尺一寸。單于遺漢書。以尺二寸牘。及封印。皆令廣大。據此則漢時詔策書疏。皆以木簡。亦曰板版。均可名牘。皆有封泥。此封泥色紫。背有版痕繩痕。當是以版入中。上以繩緘其口。以泥入繩至版。然後加以封印。外加青囊。囊之兩端無縫。以護封泥。如臧玉牒於石檢。金繩縢之。石泥封之。印之以璽也。中約署。當是束牘之中。而署字以爲識也。

東觀漢記鄧訓列傳。又知訓好以青泥封書。還過趙國易陽。並載青泥一襆[三]。至上谷遺訓。

丞相封泥

右封泥五字印文曰。丞相之印章。桉漢書百官公卿表。相國

丞相皆秦官。金印紫綬。掌丞天子助理萬機。秦有左右。高帝即位。置一丞相。十一年更名相國。綠綬。孝惠高后置左右丞相。文帝二年復置一丞相。有兩長史。秩千石。哀帝元壽二年更名大司徒。

御史大夫封泥

右封泥四字印文曰。御史大夫。桉漢書百官公卿表。御史大夫。秦官。位上卿。銀印青綬。掌副丞相。有兩丞。成帝綏和元年更名大司空。金印紫綬。祿比丞相。哀帝建平二年復爲御史大夫。元壽二年復爲大司空。

御史大夫封泥

右封泥四字印文曰。御史大夫。詳前。

御史大夫封泥

右封泥五字印文曰。御史大夫章。御史大夫。詳前。史記封禪

書。夏。漢改歷以正月爲歲首。而色上黃。官名更印章以五字。爲太初元年。孝武本紀漢書郊祀志並同。武帝紀色上黃。數用五。張晏曰。漢據土德。土數五。故用五。謂印文也。若丞相曰丞相之印章。諸卿及守相印文不足五字者。以之足之。此有章字以足五字。是太初以後所作印也。

御史大夫封泥

右封泥五字印文曰。御史大夫章。詳前。

御史大夫封泥

右封泥五字印文曰。□御史□大夫章。詳前。

御史中丞封泥

右封泥四字印文曰。御史中丞。按漢書百官公卿表。御史大夫有兩丞。秩千石。一曰中丞。在殿中蘭臺。掌圖籍祕書。外督部刺史。內領侍御史員十五人。受公卿奏事。舉劾按章。成帝元壽二年御史中丞更名御史長史。

御史府封泥

右封泥四字印文曰。御史府印。御史。詳前。府者官府。與丞相竝稱曰兩府。漢書薛宣傳。考績功課。簡在兩府。師古曰。兩府。丞相御史府也。

御史府封泥

右封泥四字印文曰。御史府印。詳前。

御史府封泥

右封泥四字印文曰。御史府印。詳前。

大司空封泥

右封泥五字印文曰。大司空印章。桉漢書百官公卿表。御史大夫。成帝綏和元年更名大司空。哀帝建平二年復爲御史大夫。元壽二年復爲大司空。何武。師丹。朱博。彭宣。王崇甄豐。皆爲大司空。此其印也。

强弩將軍封泥

右封泥四字印文曰。强弩將軍。桉漢書辨疑曰。衞霍傳有李沮。公卿表及田延年傳有許延壽。恩澤侯表有孫建。蓺文志有王圍。竝爲此官。又將軍。位上卿。金印紫綬。卿印太初元年更以五字。曰章。詳前。此無章字。則太初以前物也。

裨將軍封泥

右封泥五字印文曰。裨將軍印章。桉漢書王莽傳。裨將軍千二百五十人。又有裨將軍張賽漢同印文。

戈船候封泥

右封泥四字印文曰。戈船候印。桉漢書百官公卿表無戈船候。胡氏琨泥封目録曰。疑是戈船將軍之軍候。

戈船候封泥

右封泥四字印文曰。戈船候印。詳前。

奉常丞封泥

右封泥四字印文曰。奉常丞印。桉漢書百官公卿表。奉常。奉
[四]官掌宗廟禮儀。有丞。景帝中六年更名太常。此曰奉常。自是
未改太常以前印也。

太史令封泥

右封泥五字，印文曰：太史令之印。桉《續漢書·百官志》：太常屬官太史令一人。又《藝文志》：《博學》七章者，太史令胡母敬所作也。

孝文廟令封泥

右封泥四字印文曰。孝文廟令。桉漢書百官公卿表。奉常。屬

官有諸廟寢園食官令長丞。此孝文帝廟令之印。史記秦本紀。景帝元年十月詔御史爲文帝廟昭德舞[六]。丞相嘉等請郡國諸侯各爲文帝立太宗之廟。此印無郡國名。自是奉常所掌矣。

孝景園令封泥

右封泥四字印文曰。孝景園令。桉漢書百官公卿表。奉常秦官。景帝中六年更名太常。屬官有諸廟寢園食官令長丞。此園令之印也。

孝惠寑丞封泥

右封泥四字印文曰。孝惠寑丞。桉漢書百官公卿表。奉常。屬官有諸寑令長丞。印作寑。即寢。此寢之丞也。

杜丞封泥

雙虞壺齋封泥

右封泥二字半通印文曰。杜丞。桉漢書元帝紀。初元元年孝宣皇帝葬杜陵。臣瓚曰。杜陵在長安南五十里。百官公卿表有諸陵縣。又漢官有先帝陵。每陵監丞五人[七]。三百石。而據長陵丞印用方印四字。與它縣丞印同。當即長陵縣丞印。此印但曰杜。且用半印。疑爲杜陵之監丞。簠齋陳氏曰。監丞自當有監字。

長陵丞封泥

右封泥四字印文曰。長陵丞印。桉漢書高帝紀。十二年五月

葬長陵。地理志左馮翊長陵注。高帝置。百官公卿表。奉常掌宗廟禮儀。諸陵縣皆屬也。元帝永光元年分諸陵邑屬三輔。則長陵初屬奉常。後乃屬左馮翊也。縣丞。詳後。余疑長陵二字杜上者爲陵員。

長陵丞封泥

右封泥四字印文曰。長陵丞印。詳前。

安陵丞封泥

右封泥四字印文曰。安陵丞印。桉漢書惠帝紀。七年九月葬

安陵。地理志。右扶風安陵縣。惠帝置。朱博傳。以太常掾察廉。補安陵丞。關中記。安陵俗稱女嗍陵。水經注。十三州志本周之程邑。詩。程伯休父。一統志。詩正義周書偁文王在程。作程寤程典。皇甫謐云。文王徙宅於程。蓋謂此也。記正義引周書作郢。卽孟子所云畢郢〔八〕也。

頊闓長封泥

右封泥四字印文曰。頊闓長印。桉漢書戻太子傳。詔置闓邑。有司奏請比諸矦王園。園置長丞。知諸矦王皆有園。此頊闓。頊王闓也。唯王謚頊者甚多。不可定耳。

□祠□長封泥

匋齋藏古封泥

右封泥四字印文曰。□祠□長。存下半。桉漢書百官公卿表。奉常。秦官。景帝中六年更名太常。屬官有太祀令丞。[九]未言長。景帝中六年更名太祝爲祠祀。漢銅印有沛祠祀長。

光祿勳封泥

右封泥五字印文曰。光祿勳印章。桉漢書百官公卿表。郎中令。秦官。掌宮殿掖門戶。武帝太初元年更名光祿勳。此其印也。

光祿勳封泥

右封泥五字印文曰。光□祿勳□印。章詳前。

中宮謁丞封泥

右封泥四字印文曰。中宮謁丞。桉漢書百官公卿表。郎中令。掌宮殿掖門戶。屬官有大夫郎謁者。此曰中宮。疑是皇太后皇后宮中之謁者丞也。

中郎將封泥

右封泥五字印文曰。中郎將印章。桉漢書百官公卿表。郎中令秦官。武帝太初元年更名光祿勳。平帝元始元年置中郎將。秩比二千石。此其印也。

衛尉封泥

右封泥五字印文曰。衛尉之印章。桉漢書百官公卿表。衛尉。秦官。掌宮門衛屯兵。有丞。景帝初更名中大夫令。後元年復爲衛尉。此其印也。

衛士丞封泥

右封泥四字印文曰。衛士丞印。桉漢書百官公卿表。衛尉。秦官。景帝初更名中大夫令。後元年復爲衛尉。屬官有衛士令丞。此其丞之印也。

衛士丞封泥

右封泥四字缺下二字印文曰。衛□丞□。詳前。

都候丞封泥

右封泥四字印文曰。都候丞印。桉續漢書百官志。衛尉。屬官有左右都候。本注曰。丞各一人。用禮〔十〕司寤氏有夜士。干寶注曰。今都候之屬。簠齋陳氏銅印有都候。此其證也。

太僕封泥

右封泥四字印文曰。太僕之印。桉漢書百官公卿表。太僕。秦官。掌輿馬。此其印也。

太僕丞封泥

右封泥四字印文曰。太僕丞印。桉漢書百官公卿表。太僕。掌輿馬。有兩丞。續漢志云。丞一人。此未言左右。或是光武幷官省職後印也。

家馬丞封泥

右封泥四字印文曰。家馬丞印。桉漢書百官公卿表。太僕。掌輿馬。屬官有家馬令丞尉。此其丞之印也。

車府丞封泥

右封泥四字印文曰。車府丞印。桉漢書百官公卿表。太僕屬官有車府令丞。此其丞之印也。

騎馬丞封泥

右封泥四字印文曰。騎馬丞印。桉漢書百官公卿表。太僕。屬官有騎馬令丞。此其丞之印也。

中車司馬封泥

右封泥四字印文曰中車司馬。桉漢書百官公卿表。續漢書

百官志。衛尉屬官皆有公車司馬令丞。而無中車司馬。中太僕。掌皇太后輿馬。不常置也。此中車。或是中太僕屬而表闕與。史記秦始皇本紀。封在中車府令趙高行符璽事所。是此中車之一證也。

廷尉封泥

右封泥五字印文曰。廷尉之印章。桉漢書百官公卿表。廷尉。秦官。掌刑辟。景帝中六年更名大理。武帝建元四年復爲廷尉。哀帝元壽二年復爲大理。此武帝時之印也。

行人令封泥

右封泥四字印文曰。行人令印。桉漢書百官公卿表。典客秦官。景帝中六年更名大行令。武帝太初元年更名大鴻臚。屬官有行人令丞。此其令之印也。

郡邸長封泥

右封泥四字印文曰。郡邸長印。桉漢書百官公卿表。典客屬官有郡邸長丞。師古曰。主諸郡之邸在京師者也。此其長之印也。

宗正丞封泥

右封泥四字印文曰。宗正丞印。桉漢書百官公卿表。宗正。秦官。掌親屬。有丞。平帝元始四年更名宗伯。此曰宗正丞。是平帝元始前印也。

少府封泥

右封泥五字，印文曰：少府之印章。桉漢書百官公卿表：少府，秦官，掌山海池澤之稅，以給共養，有六丞。此其印也。

少府丞封泥

右封泥四字印文曰。少府丞印。少府及丞詳前。

少府丞封泥

右封泥四字印文曰。少府丞印。詳前。

少府丞封泥

右封泥四字印文曰。少府丞印。詳前。

少府丞封泥

右封泥四字印文曰。少府丞印。詳前。

尚書令封泥

右封泥四字印文曰。尚書令印。桉漢書張安世傳。上幸河東。

亡書三篋。詔問莫能知。惟安世識之。具作其事。後購求得書。以相校無所遺失。上奇其材。擢爲尚書令。又校事始。尚書令。續書曰秦置。漢元鼎二年以張安世爲尚書令。任安亦爲之。漢書百官公卿表。少府。屬官有尚書令丞。續漢書百官志。尚書令一人。千石。未言丞。此其令之印也。

大官丞封泥

右封泥四字印文曰。大官丞印。桉漢書百官公卿表。少府。屬官有大官令丞。師古曰。太官主膳食。此其丞之印也。

大官丞封泥

右封泥四字印文曰。大官丞印。詳前。

大官丞封泥

右封泥四字印文曰。大官丞印。詳前。

大官丞封泥

右封泥四字印文曰。大官丞印。詳前。

大官丞封泥

右封泥四字印文曰。大官丞印。詳前。

大官長丞封泥

右封泥四字印文曰。大官長丞。桉漢書百官公卿表。少府屬官有太官令丞。又有胞人都水均官三長丞。或大官有長而史未備與。

湯官飲監□封泥

右封泥五字印文曰。湯官飲監□。桉漢書百官公卿表。少府。屬官有湯官。師古曰。湯官主餅餌。此印官名曰飲監是湯官之職。印字或五或六未可定也。

䆃官䆃丞封泥

右封泥四字印文曰。䆃官䆃丞。桉漢書百官公卿表。少府。屬官有導官。師古曰。導官主擇米。後漢書鄧皇后紀導官注。主導擇米。以供祭祀。續漢書百官志導官令本注。導。擇也。又攷漢書司馬相如傳導一莖六穗於庖。鄭氏曰。導。擇也。一莖六穗。謂嘉禾之米。於庖廚以供祭祀。字皆導。皆訓擇。而史記司馬相如傳作䆃。徐廣曰。䆃。瑞禾也。說文。䆃。禾也。從禾道聲。司馬相如曰一莖六穗。此印二䆃字亦從禾。知䆃乃本字。從禾也。䆃官䆃丞與鹽官果丞橘官橘丞同義。皆以所主之物名官。主米而曰䆃者。䆃爲瑞禾。取嘉名也。後誤爲導。注釋者未究原委。卽以擇爲訓耳。今據印文與史記。足證兩漢書作導者。皆傳寫之誤也。錢少詹謂收臧古印於史學不無裨益。洵哉。

居室丞封泥

右封泥四字印文曰。居室丞印。桉漢書百官公卿表。少府。屬官有居室丞。武帝太初元年更名居室爲保宫。此武帝前之印也。

居室丞封泥

右封泥四字印文曰。居室丞印。詳前。

居室丞封泥

右封泥四字印文曰。居室丞印。詳前。

東織□□封泥

右封泥四字印文曰。東織□□。桉漢書百官公卿表。少府。屬官有東織西織令丞。河平元年省東織。更名西織爲織室。此河平前之印也。

宦者丞封泥

右封泥四字印文曰。宦者丞印。桉漢書百官公卿表。少府。屬官有宦者令丞。此其丞之印也。

少府銅丞封泥

右封泥四字印文曰。少府銅丞。桉漢書百官公卿表。水衡都

尉。武帝元鼎二年初置。屬官有鍾官辯銅令丞。如淳曰。鍾官。鑄錢官也。辯銅。主分別銅之種類也。表又曰。初。鑄錢屬少府。今據此印。知班史言鑄錢者。兼辯銅丞言之。此則辯銅丞之印。省辯字也。

少內封泥

右封泥一一字半通印文曰。少內。桉周禮天官。職內。主入也。若

合之泉所入謂之少內。釋曰。桉王氏漢官解云。小官嗇夫各擅其職。謂倉庫少內嗇夫之屬。各自擅其條理所職主。由此言之。少內藏聚。似合之少府。但官卑職碎。以少爲名。[十二]漢官曰。少者。小也。小故稱少府。王者以租稅爲公用。山澤陂池之稅以供王之私用。古皆作小府。此印文自當附少府矣。

中壘右尉封泥

右封泥四字印文曰。中壘右尉。桉漢書百官公卿表。執金吾。屬官有中壘令丞。中壘兩尉。此右尉之印也。

都船丞封泥

右封泥四字印文曰。都船丞印。桉漢書百官公卿表。中尉。秦官。武帝太初元年更名執金吾。屬官有都船令丞。此其丞之印也。

都船丞封泥

右封泥四字印文錯綜。讀曰。都船丞印。攷中尉。秦官。秦官印文多錯綜。此印亦秦制與。

廣左都尉封泥

右封泥四字印文曰。廣左都尉。桉漢書百官公卿表。中尉。太初元年更名執金吾。屬官有左右京輔都尉。史記平準書益廣關置左右輔。注徐廣曰。元鼎三年丁卯歲徙函谷關於新安東界。此左輔都尉之印。所以曰廣左都尉也。

廣左都尉封泥

右封泥四字印文曰。廣左都尉。詳前。

中騎千人封泥

右封泥四字印文曰。中騎千人。桉漢書百官公卿表。中尉。典

屬國。屬官有千人。又西域都護有千人。續漢志騎都尉本注曰。本監羽林騎。又侍中本注曰。法駕出。則多識者一人參乘。餘皆騎在乘輿後。又中黃門冗從僕射。出則騎從。又職官有宮騎。此云中騎。疑是中宮騎之千人。故加中字。如中太僕與中車司馬文也。

大匠丞封泥

右封泥四字印文曰。大匠丞印。桉漢書百官公卿表。將作大匠有兩丞。此是其印。未言左右。或竝二爲一也。

左梭丞封泥

右封泥四字印文曰。左梭丞印。桉漢書百官公卿表。將作大匠屬官有左右前後中梭令丞。此左梭令之丞也。

私官丞封泥

右封泥四字印文曰。私官丞印。桉漢書百官公卿表。詹事。掌皇后太子家。屬官有私府丞。此曰私官。可補史闕。

長信私丞封泥

右封泥四字印文曰。長信私丞。梭漢書百官公卿表。詹事。秦

官。掌皇后太子家。又中長秋私府丞巷倉廄祠祀食官令長丞。諸宦官皆屬焉。長信詹事。掌皇太后宮。景帝中六年更名長信少府。平帝元始四年更名長樂少府。此印曰長信私丞。長信自是皇太后宮。私丞當是私府丞省文也。續漢志有中宮私府令丞。本注曰。宦者。

長信宦丞封泥

右封泥四字印文曰。長信宦丞。桉漢書百官公卿表。少府。屬官有宦者令丞。此曰長信宦丞。當是景帝中六年長信詹事更名長信少府之宦者丞。省者字以成四字也。

長信倉封泥

右封泥四字印文曰。長信倉印。桉漢書百官公卿表。詹事。屬

官有倉長丞。又長信詹事。掌皇太后宮。景帝中六年更名長信少府。張晏曰。以太后所居宮爲名也。居長信宮則曰長信少府。居長樂宮則曰長樂少府。然則是印曰長信倉。蓋太后居長信宮時所置倉長丞也。

□□國封泥

右封泥五字印文曰。□□國印章。缺前二字。桉漢書百官公卿表。典屬國。秦官。此典屬國二字雖缺。自是其印。

上林丞封泥

右封泥四字印文曰上林丞印桉漢書百官公卿表水衡都尉武帝元鼎二年初置掌上林苑屬官有上林令丞又曰上林有八丞十二尉上林初屬少府此其丞之印也

上林丞封泥

右封泥四字印文曰。上林丞印。上林二字在上。者尊之也。

上林尉封泥

右封泥四字印文曰。上林尉印。上林及尉詳前。

御羞丞封泥

右封泥四字印文曰。御羞丞印。桉漢書百官公卿表。水衡都

尉屬官有御羞令丞如淳曰御羞地名也在藍田其土肥沃多出御物可進者揚雄[十三]謂之御宿三輔黄圖御羞宜春皆苑名也師古曰御宿則今長安城南御宿川也羞宿聲相近故或云御羞或云御宿耳羞者珍羞所出宿者止宿之義此自是掌珍羞之御羞令之丞也

禁圃左丞封泥

右封泥四字印文曰。禁圃左丞。桉漢書百官公卿表。水衡都尉。屬官有禁圃令丞。禁圃兩尉。據此云左則丞亦有兩。如尉。可以補史之略。

宜春左園封泥

右封泥四字印文曰。宜春左園。桉三輔黃圖。宜春下苑在京城東南隅。據此印。知宜春上苑下苑亦稱左苑右苑。苑亦稱園。御宿苑。黃圖引三秦記作御宿園也。

內史封泥

右封泥四字印文曰。內史之印。桉漢書百官公卿表。內史周官。秦因之。景帝二年分置左內史右內史。此無左右字。景帝前之印與。

內史封泥

簠齋藏古封泥

右封泥四字印文曰。內史之印。詳前。

内史封泥

右封泥四字印文曰。内史之印。詳前。

左馮翊封泥

右封泥五字印文曰。左馮翊印章。桉漢書百官公卿表。內史。周官。秦因之。掌治京師。景帝二年分置左右內史。武帝太初元年左內史更名左馮翊。此其印也。

長安市令封泥

右封泥四字印文曰。長安市令。校漢書百官公卿表。京兆尹。屬官有長安市令。此其印也。

市丞封泥

右封泥二字半通印文曰。市丞。桉長安市令有丞。此市丞未詳其地。姑附此。

掌畜丞封泥

右封泥四字印文曰。掌畜丞印。桉漢書百官公卿表。主爵中

尉。秦官。景帝中六年更名都尉。武帝太初元年更名右扶風。屬官有掌畜令丞。如淳曰。尹翁歸傳曰。豪彊有論罪。輸掌畜官。使斫莝。東方朔曰。盜爲右扶風畜牧之所在也。此其丞之印也。

掌畜丞封泥

右封泥四字印文曰。掌畜丞印。詳前。

卷一校記

［一］『已湿酒曰粕也』，按上海古籍出版社二〇〇八年版《一切經音義三種校本合刊》『酒』作『糟』字。又北京大學出版社二〇一三年版張雙棣所撰《淮南子校釋》曰：『陶方琦云：《莊子釋文》引許《注》作「粕，已漉粗糟也。」今《注》「之精」二字即「粗糟」之譌。《一切經音義》三引作「已湿糟曰粕也」。湿即漉字，糟上敚一「粗」字，又倒易其文耳。』

［二］『樸』，按國家圖書館藏清嘉慶刻桐華館史翼本、武英殿聚珍叢書本《東觀漢記》皆作『樸』。又中華書局二〇〇八年版《東觀漢記校注》作『樸』，吴樹平校注云當作『璞』。

［三］『元壽』爲漢哀帝年號，『成帝』應作『哀帝』。

［四］『奉官』，按《漢書·百官公卿表》作『秦官』。稿本作『秦官』。

［五］『藝文志』，按《續漢書》并無《藝文志》。『博學七章者，太史令胡母敬所作也』見于《漢書·藝文志》。

［六］『史記秦本紀景帝元年十月詔御史爲文帝廟昭德舞』，按《史記》，『景帝元年十月詔御史爲文帝廟昭德舞』事見《孝文本紀》。又『昭德舞』前脱『爲』字。

［七］『監丞五人』，按《後漢書·百官志》『先帝陵，每陵食官令各一人，六百石』劉昭注：『《漢官》曰：「每陵食監一人，秩六百石。監丞一人，三百石。」』又中華書局一九九〇年版點校本《漢官六種·漢官》，周天游《校勘記》云：『「監丞一人」原作「監丞五人」，據各本改。』

［八］『一統志詩正義……記正義引周書作郢郎孟子所云畢郢也』，按『四部叢刊續編』影印清史館藏進呈寫本嘉慶《重修一統志》，『記正義』作『史記正義』，『郎』作『即』。

［九］『太祀』，按《漢書·百官公卿表》作『太祝』。

［十］『用禮』，按《後漢書·百官志》作『周禮』。稿本作『周禮』。

［十一］『周禮天官職内主入也若令之泉所入謂之少内……由此言之少内臧聚似令之少府』中兩處『令』字，按國家圖書館藏宋兩浙東路茶鹽司刻宋元遞修本《周禮疏》、中華書局一九八七年版『十三經清人注疏』本《周禮正義》、北京大學出版社二〇〇〇年版《周禮注疏》皆作『今』。稿本亦皆作『今』。

［十二］『揚雄』，按《漢書·百官公卿表》作『揚雄傳』。

封泥攷略卷二目

海豐吴式芬子苾
濰縣陳介祺壽卿　同輯

漢諸矦王璽印封泥

王璽

河閒王璽　吴臧

菑川王璽　陳臧

漢王國官印封泥

丞相

廣陽相印章吳藏
廣陽相印□吳藏
高密相印章陳藏
梁相之印章陳藏
梁相之印章吳藏
魯相之印章陳藏
魯相之印章吳藏
泗水相印章陳藏
泗水相印章吳藏

泗水相印章 吳臧

廣陵相印章 吳臧

廣陵相印□ 左半缺 陳臧

六安相印章 陳臧

六安相印章 陳臧

六安相印章 陳臧

長沙相印章 吳臧

□平□印章 上半缺 吳臧

□□相印章 上半右半均缺 陳臧

□□相印章 右半缺 陳臧

奉常 屬官

菑川頃廟 陳臧

郎中令 郎中

吳郎中印 吳臧

□郎□印 上半缺 吳臧

僕

六安僕印 吳臧

少府 御丞

廬江御丞 吳臧

菑川府丞 埘 陳臧

詹事長秋

□□□秋 上半缺 陳臧

中尉

齊中尉印 陳臧

城陽中尉 陳臧

水衡都尉 廄丞

齊中廄丞 陳臧

齊中廄丞 陳臧

內史

趙內史印章 陳臧

菑川內史 陳臧

淮陽內史章 陳臧

六安內史章 陳臧

六安內史章 吳臧

坿

左府 半通印 陳臧

左府半通印 陳臧
左府半通印 陳臧
左□半通印 陳臧
守府半通印 陳臧
□銅半通印 陳臧
漢矦印封泥
矦
丞相曲逆矦章吳臧
曲逆矦印吳臧

赤泉矦印 陳臧

矦名印

汾陰矦昌 陳臧

坿君名印

南昌君布 陳臧

漢矦國官印封泥

相

平矦相印 陳臧

女陰矦相 陳臧

女陰矦相　吳臧

建成矦相　陳臧

劇魁矦相　吳臧

蘻矦相印　陳臧

蘻矦相印　陳臧

□□矦相　右半缺封　陳臧

□平□相　上半缺封　陳臧

祁矦□□　左半缺封　陳臧

封

□鄒□丞 上半缺 陳藏

倉 一字 陳藏

封泥攷略卷二

河間王璽封泥

右封泥四字璽文曰。河間王璽。桉漢書地理志。河間國。故趙。

文帝二年別爲國應劭曰在兩河之間漢書諸矦王表河間孝文二年二月乙卯文王辟彊以趙幽王子立薨哀王福嗣薨亡後又河間獻王德景帝子二年三月甲寅立薨共王不周嗣薨剛王基嗣薨頃王緩嗣薨孝王慶嗣薨王元嗣建昭元年廢遷房陵建始元年正月丁亥惠王良以孝王子紹封薨王尙嗣王莽篡位貶爲公明年廢此其璽也參攷河間獻王傳及史記諸矦年表世次悉合唯不周竝作不害基竝作堪緩竝作授攷古人命名不害已見孟子申子不周則未見要以列傳年表爲正也漢書百官公卿表諸矦王高帝初置

金璽盭綬。掌治其國。有太傅輔王。內史治國民。中尉掌武職。丞相統衆官。羣卿大夫都官如漢朝。景帝十五年。令諸侯王不得復治國。天子爲置吏。改丞相曰相。省御史大夫廷尉少府宗正博士官。大夫謁者郎諸官長丞皆損其員。武帝改漢內史爲京兆尹。中尉爲執金吾。郎中令爲光祿勳。故王國如故。損其郎中令。秩千石。改太僕曰僕。秩亦千石。成帝綏和元年。省內史。更令相治民。如郡太守。中尉如郡都尉。此封泥色紫。中有繩孔。背有版紋。與漢官儀略同。

漢官儀曰。孔子稱。封泰山禪梁父。封者以金泥銀繩印之以璽。又曰。建武三十二年登封泰山。尚書令臧玉牒。封石檢。以金爲繩。以石爲泥。亦封泥用繩之證也。

抱朴子曰。古之人入山者。佩黄神白章印。以封泥著所在之四方各百步。則虎狼不敢近。是道家亦有封泥坿識於此。

菑川王璽封泥

右封泥四字璽文曰。菑川王璽。桉漢書地理志。菑川國。故齊。

文帝十八年別爲國。後並北海。諸侯王表。菑川孝文十六年四月丙寅王賢以齊悼王[三]子武城侯立。反。誅。懿王志以齊悼惠王子安都侯立爲濟北王。孝景四年徙菑川。懿。靖王建嗣。懿。頃王遺嗣。懿。思王終古嗣。懿。考王尙嗣。懿。孝王橫嗣。懿。懷王友嗣。懿。王永嗣。王莽篡位。貶爲公。明年廢。此其璽也。簠齋陳氏臧淮陽王璽是白玉者。非金。與表異。

菑川丞相封泥

右封泥四字印文曰。菑川丞相。菑川王國攷見前。此自是景帝中五年以前王賢王志時丞相之印也。出臨菑。

定陶相封泥

右封泥五字印文曰。定陶相印章。案漢書地理志。濟陰郡。故梁。景帝中六年別爲濟陰國。宣帝甘露二年更名定陶。諸侯

王表。楚孝王囂。宣帝子。甘露二年立爲定陶王。又定陶共王康。元帝子。河平四年徙定陶。傳二世。此其相之印也。又攷王相印文。初止四字。明集古印譜載江都王相印。文曰江都相印。至武帝太初元年更名印章。始用五字。史記封禪書。夏。漢改歷。以正月爲歲首。而色上黃。官名更印章以五字。爲太初元年。孝武本紀。漢書郊祀志竝同。武帝紀。色上黃。數用五。張晏曰。漢據土德。土數五。故用五。謂印文也。若丞相。曰丞相之印章。諸卿及守相印文不足五字者。以之足之。則此印乃太初以後所造也。

趙相封泥

右封泥五字印文曰。趙相之印章。桉漢書地理志。趙國。故秦

邯鄲郡。高帝四年爲趙國。景帝三年復爲邯鄲郡。五年復故。諸矦王表趙隱王如意。高帝子。九年立。又趙共王恢。高帝子。高后七年徙趙。又趙幽王友。高帝子。十一年立爲淮陽王。二年徙趙。孝文元年王遂。以幽王子紹封。又趙敬肅王彭祖。景帝子。二年立爲廣川王。四年徙趙。傳三世。又地節四年哀王高以頃王子紹封。傳三世。此其相之印也。

眞□相封泥

右封泥五字印文曰。眞□相□章。史記諸侯年表。孝武元鼎四年。眞定國頃王平元年。常山憲王子。漢書諸侯王表。眞定頃王平。傳五世[四]。但眞下字缺。或非眞定未可知耳。

廣川相封泥

右封泥五字印文曰。廣川相印章。桉漢書地理志。信都國。景帝二年爲廣川國。宣帝甘露三年復故。諸矦王表。廣川惠王越。景帝子。中二年立。薨。繆王齊嗣。薨。王去嗣。廢。地節四年戴王文以繆王子紹封。傳二世。此其相之印也。

廣陽相封泥

右封泥五字印文曰。廣陽相印章。桉漢書地理志。廣陽國。高帝燕國。昭帝元鳳元年爲廣陽郡。宣帝本始元年更爲國。諸侯王表。廣陽本始元年頃王建以燕剌王子紹封。傳四世。此其相之印也。

廣陽相封泥

右封泥五字印文曰。廣陽相印章。詳前。

廣陽相封泥

右封泥五字印文曰。廣陽相印章。詳前。

廣陽相封泥

右封泥五字印文曰。廣陽相印章。詳前。

廣陽相封泥

右封泥五字印文曰。廣陽相印□。章詳前。

高密相封泥

右封泥五字印文曰。高密相印章。桉漢書地理志。高密國。故

齊。文帝十六年別爲膠西國。宣帝本始元年更爲高密國。諸矦王表。高密。本始元年十月哀王〔五〕以廣陵厲王子立。薨。頃王章嗣。薨。懷王寬嗣。薨。王慎嗣。王莽篡位。貶爲公。明年廢。此其相之印也。

梁相封泥

右封泥五字印文曰。梁相之印章。桉漢書地理志。梁國。故秦碭郡。高帝五年爲梁國。諸侯王表。梁懷王揖。文帝子。二年立。薨。亡後。又梁孝王武。文帝子。二年立爲代王。三年徙爲淮陽王。十年徙梁。傳八世。此其相之印也。

梁相封泥

右封泥五字印文曰。梁相之印章。詳前。

魯相封泥

右封泥五字印文曰。魯相之印章。桉漢書地理志。魯國。故秦薛郡。高后元年爲魯國。諸侯王表。魯恭王餘〔六〕。景帝子。二年立爲淮陽王。二年徙魯。傳五世。此其相之印也。

魯相封泥

右封泥五字印文曰魯相之印章詳前

泗水相封泥

右封泥五字印文曰。泗水相印章。桉漢書地理志。泗水國。故東海郡。武帝元鼎四年別爲泗水國。諸侯王表。泗水。元鼎元年思王商以常山憲王少子立。薨。哀王安世嗣。亡。後太初三年戴王賀以思王子紹封。傳四世。此其相之印也。

泗水相封泥

右封泥五字印文曰。泗水相印章。詳前。

泗水相封泥

右封泥五字印文曰。泗水相印章。詳前。

廣陵相封泥

右封泥五字印文曰。廣陵相印章。桉漢書地理志。廣陵國。高

帝六年屬荆州。十一年更屬吳。景帝四年更名江都。武帝元狩三年更名廣陵。莽曰江平。屬徐州。諸侯王表廣陵厲王胥。武帝子。元狩六年立。自殺。初元二年孝王霸以厲王子紹封。傳三世。亡。後元延二年靖王守以孝王子紹封。傳二世。此其相之印也。

廣陵相封泥

右封泥五字印文曰。廣陵相印□。章詳前。

六安相封泥

右封泥五字印文曰。六安相印章。桉漢書地理志。六安國。故楚。高帝元年別爲衡山。五年屬淮南。文帝十六年復爲衡山。武帝元狩二年別爲六安國。諸侯王表。六安。元狩二年恭王慶以膠東康王少子立。傳五世。此其相之印也。

六安相封泥

右封泥五字印文曰。六安相印章。詳前。

六安相封泥

右封泥五字印文曰。六安相印章。詳前。

長沙相封泥

右封泥五字印文曰。長沙相印章。桉漢書地理志。長沙國。秦郡。高帝五年爲國。諸侯王表。長沙定王發。景帝子。二年立。傳五世。亡後。初元四年孝王宗以剌王子紹封。傳三世。此其相之印也。

□平相封泥

右封泥五字印文曰。□平相印章。桉漢書地理志。王國有廣平。有東平。此平上一字闕。不能定爲何國之相印也。

□□相封泥

右封泥五字印文曰。□□相印章。王國二字泐不可攷。附王相後。

□□相封泥

右封泥五字印文曰。□□相印章。王國二字缺不可攷。附王相後。

菑川頃廟封泥

右封泥四字印文曰。菑川頃廟。頃左旁僅可辨。廟字僅存上半。桉漢書百官公卿表。奉常。景帝中六年更名太常。諸廟寢園食官令長丞及諸陵縣皆屬焉。此曰頃廟。自是菑川頃王遺之廟。未言食官令長丞。或是員吏印也。出臨菑。

吳郎中封泥

右封泥四字印文曰。吳郎中印。校史記諸侯年表。高祖十二年荆更爲吳國。初王濞元年。孝景三年反。誅。郎中。詳前。

吳郎中封泥

右封泥四字。缺上半。印文曰。□吳郎□中印。詳前。

六安僕封泥

右封泥四字印文曰。六安僕印。六安及僕。詳前。

廬江御丞封泥

右封泥四字印文曰。廬江御丞。桉史記諸侯年表。文帝十六年陽周侯劉賜封廬江王。漢書百官公卿表。少府屬官有御府令丞。此當是廬江王劉賜之御府丞也。

菑川府丞封泥

右封泥四字印文曰。菑川府丞。出臨菑。此府自是少府。若丞

相府御史府。乃尊其署曰府。非官名也。少府丞。表云有六。志云本注曰。丞一人。比千石。此印菑字从罒。不从卌。與封泥漢器印泉菑字不同。又印大於王璽。不能無疑。友人慫慂入錄。姑說而坿之。或曰。印大是秦制。

□□□秋封泥

匋齋藏古封泥

右殘封泥四字印文存下二字。一有筆畫。一作秋。出臨菑。桉漢書百官公卿表。詹事。屬官有中長秋宦官。師古曰。皇后之官。成帝鴻嘉三年省詹事官。幷屬大長秋。師古曰。省皇后詹事。總屬長秋也。此長秋自是都官。如漢朝菑川王后宦官之印。惟上二字不能定耳。

齊中尉封泥

右封泥四字印文曰。齊中尉印。出臨菑。桉史記諸侯年表。高

帝子齊王劉肥。肥子則。悼惠世家作側。肥子將閭。將閭子壽。壽子次昌。武帝子閎。漢書百官公卿表。諸侯王高帝初置中尉掌武職。羣卿大夫都官如漢朝。此印雖未能定齊何王時。自是高帝武帝子孫王齊者之官。非田儋韓信時物也。

城陽中尉封泥

右封泥四字印文曰。城陽中尉。桉漢書地理志。城陽國。屬兖

州。肇域記。漢城陽國。治莒。孝文二年立朱虛侯章爲城陽王。此城陽王劉章中尉之印也。又鼂錯傳。迺拜鄧公爲城陽中尉。又建元年中上招賢良公卿言鄧先。注師古曰。鄧先。猶云鄧先生也。一曰。先者其名也。或即鄧公之印與。

齊中廏丞封泥

右封泥四字印文曰。齊中廏丞。桉漢書百官公卿表。太僕屬官有大廏令丞尉。又諸侯王。羣卿大夫都官如漢朝。此封泥出臨菑。自是齊國太僕屬官之印。中廏或是內官。

齊中廄丞封泥

右封泥四字印文曰。齊中廄丞。詳前。

趙內史封泥

右封泥五字印文曰○趙內史印章○趙及內史詳前○

菑川內史封泥

右封泥四字印文曰。菑川內史。菑川及內史。詳前。出臨菑。

淮陽內史封泥

右封泥五字印文曰。淮陽內史章。桉漢書地理志。兖州淮陽

國。高帝十一年。置孝明帝更名陳國。後漢書郡國志[八]。豫州陳國。高帝置爲淮陽。章和二年改。史記諸侯年表。淮陽國。都陳。初王劉友。高祖子。徙趙。孝惠元年爲郡。七年復爲國。懷王强。惠帝子。王武。惠帝子。誅。國除。孝文前三年復置。代王武徙。又徙梁。爲郡。孝景前元年復置。王非。景帝子。徙魯。四年爲郡。[九]漢書諸侯王表。憲王欽。宣帝子。王欽子。王縯子。莽貶爲公。明年[十]。廢後漢封淮陽者不具載。內史。詳前。

六安內史封泥

右封泥五字印文曰。六安內史章。六安及內史。詳前。

六安內史封泥

右封泥五字印文曰。六安內史章。詳前。

左府封泥

右封泥二字半通印文曰左府。疑是王國丞相御史兩府之一。姑坿王國官後。出臨菑。

左府封泥

右封泥二字半通印文曰。左府。詳前。

左府封泥

右封泥一二字半通印文曰。左府。詳前。

左□封泥

匋齋藏古封泥

右殘封[十二]二字半逼印文存一字。曰左。出臨菑。自是王國官。姑坿左府封泥後。此左字大。或曰秦印。

守府封泥

右封泥二字半通官印文曰。守府。出臨菑。是齊國守府掾史之印。

□銅封泥

右殘封泥二字半逼印文曰。□銅。銅上之字下半作木。不可攷。似秦印小篆文。出臨菑。坿王國官印後。

丞相曲逆矦封泥

右封泥六字印文曰丞相曲逆矦章。桉漢書地理志中山國

曲逆。張晏曰。濡水於城北曲而西流。故曰曲逆。史記陳丞相世家。高帝南過曲逆。上其城。望見其室屋甚大。曰。壯哉縣。吾行天下。獨見洛陽與是耳。顧問御史曰。曲逆戶口幾何。對曰。始秦時三萬餘戶。閒者兵數起。多亡匿。今見五千戶。於是詔御史。更以陳平爲曲逆侯。孝惠帝六年。相國曹參卒。以安國侯王陵爲右丞相。陳平爲左丞相。陵之免丞相。呂太后乃徙平爲右丞相。孝文帝立。以爲太尉勃親以兵誅呂氏。功多。陳平欲讓勃尊位。乃謝病。孝文帝初立。怪平病。問之。平曰。高祖時。勃功不如臣平。及誅諸呂。臣功亦不如勃。願以右丞相讓勃。於是孝文帝乃以絳矦勃爲右丞相。位次第一。平徙爲左丞相。位次第二。賜平金千斤。益封三千户。絳矦謝病。請免相。陳平專爲一丞相。孝文帝二年。丞相陳平卒。謚爲獻矦。子共矦買代矦。二年卒。子簡矦悝代矦。二十三年卒。子何代矦。二十三年。何坐略人妻。棄市。國除。此其印也。漢書百官公卿表。爵二十級徹矦。金印紫綬。避武帝諱。曰通矦。或曰列矦。改所食國令長名相。又有家丞門大夫庶子。

曲逆矦封泥

右封泥四字印文曰。曲逆矦印。曲逆矦。詳前。

赤泉侯封泥

右封泥四字印文曰。赤泉侯印。桉史記諸侯年表。莊侯楊喜。高帝七年封〔十二〕。項羽紀注。謚壯。子定侯殷。漢書高惠高后孝文功臣表。謚嚴。子名敷。孫毋害。嗣。免。復封臨汝侯。此其印也。印文又見漢銅印。

汾陰矦昌封泥

右封泥四字印文曰。汾陰矦昌。桉漢書地理志。汾陰縣。屬河

東郡。在南〔十三〕。史記高祖功臣矦年表。高祖六年正月丙午。汾陰悼矦周昌元年。初起以職志擊破秦。入漢。出關。以內史堅守敖倉。以御史大夫定諸矦。比清陽矦。二千八百戶。漢書高惠高后孝文功臣表。汾陰悼矦周昌。薨。哀矦開方嗣。薨矦意嗣。坐行賕。髡爲城旦。此乃悼矦印也。印著矦名。與相矦宣印裨將軍張賽印同。自非官印。

南昌君布封泥

右封泥四字印文曰。南昌君布。見舊譜。或僞仿其文。汾陰侯昌。余亦疑之。

平戻相封泥

右封泥四字印文曰。平戻相印。桉漢書地理志。平縣。屬河南郡。高惠高后孝文功臣表。平悼戻工師喜。高帝六年封。傳子至孫。坐罪免。此其相印也。師喜。史記作沛嘉。廣韻作公師壹。

女陰矦相封泥

右封泥四字印文曰女汝陰矦相。桉漢書地理志。女陰縣屬汝南郡。史記高祖功臣矦年表。高祖六年。汝陰文矦夏矦嬰元年。傳至曾孫。坐罪。國除。此其相印也。

女陰矦相封泥

雙虞壺齋封泥

右封泥四字印文曰。女汝陰矦相。詳前。

建成矦相封泥

右封泥四字印文曰。建成矦相。桉漢書地理志。建成縣。屬沛

郡。侯國。史記高帝紀。彭越。封建成侯。漢書作城。曹相國世家。高帝爲漢王。封參建成侯。史記高祖功臣侯年表。吕釋之。封建成侯。子則嗣。坐罪除。漢書文帝紀。董赫。封建成侯。史記表作成侯。名赤。又史記王子侯者年表。長沙定王子劉拾。封。坐罪除。漢書外戚恩澤侯表。黄霸。封建成侯。子賞。賞子輔。輔子忠嗣。王莽[十四]。貶絕。此其相印也。

劇魁矦相封泥

右封泥四字印文曰。劇魁矦相。桉漢書地理志。劇魁縣。屬北海郡。注。矦國。漢書王子矦年表。劇魁夷矦黑。菑川懿王子。傳六世。此其相印也。

蘩矦相封泥

右封泥四字印文曰。蘩矦相印。桉漢書地理志。[十五]蘩縣。屬蜀郡。

史記高祖功臣矦年表。高祖九年。蘩莊矦彊瞻元年。傳至曾孫。爲人所殺。國除。此其相印也。蘩莊矦彊瞻。漢書作平嚴矦張瞻師。錢氏大昭漢書辨疑曰。平。史記作蘩。說文亏部云。古文平作𠀼。又云。釆。辨別也。讀若辨。古文作𠀼[十六]。番字从釆。釆與平相似。番與蘩同音。故蘩爲平耳。

蘩侯相封泥

右封泥四字印文曰。蘩侯相印。詳前。

□□矦相封泥

右封泥四字印文曰。□□矦相。前二字缺。相字下半缺。出濰縣古營邱城。其前半復棄入土中矣。

□平□相封泥

右封泥印文曰。□平□相。攷漢王國相印。文曰某國相印。後更爲某國相印章。説在定陶相印章下。矦國相印則曰某國矦相。此漢時印制也。然則是印曰□平□相。其爲矦相不疑。但矦國地名下一字作平者甚多。莫可攷耳。

祁侯□封泥

右封泥四字印文曰。祁侯□□。缺其右半。自是相印二字。桉史記高祖功臣侯表。祁國。高祖六年六月丁亥。穀侯繒賀元年。文帝紀注。謚敬侯。頃侯。湖漢書表作胡。侯它坐不敬。國除。此其相之印也。坿侯相後。

□鄒□丞封泥

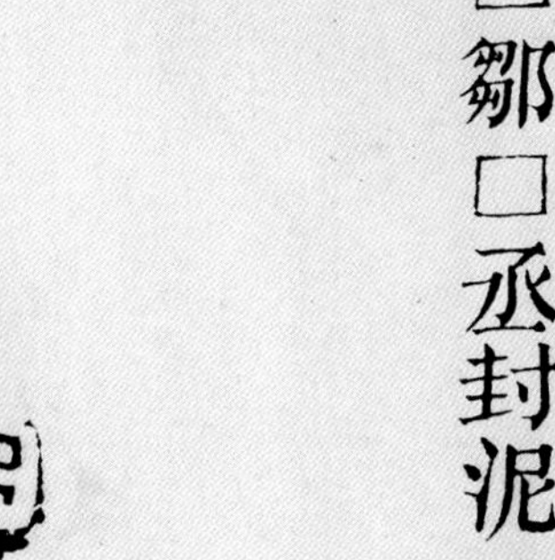

右封泥四字印文曰。□鄒□丞。上半缺。桉漢書地理志有梁

鄒縣。屬濟南郡。水經。濟水又東過梁鄒縣北。元和志。今淄州濟陽縣[十七]。本漢梁鄒縣。魯詩傳。古有梁騶者。天子之田也。作騶。東都賦制同乎梁鄒注同。功臣侯表。梁鄒孝侯武虎高帝六年封。千乘郡有東鄒縣。此封泥出臨菑。或是梁鄒丞上之字。或國。或尉。或邑。無從攷定。以有封爵。姑坿侯國。

倉封泥

右封泥一字印文曰倉。漢諸侯王國之倉印也。

廬江豫守 陳臧

傅陽守印 陳臧

會稽守印 陳臧

隴西守印 陳臧

南□守印 下右半缺蝕 陳臧

郡太守上 依地理志分爲二卷

河東太守章 陳臧

河東太守章 吳臧

太原太守章 陳臧

封泥攷略卷三目

海豐吳式芬子苾
濰縣陳介祺壽卿　同輯

漢郡國官印封泥

郡守

河內守印　吳藏

南陽守印　陳藏

南陽守印　陳藏

南郡守印　陳藏

[十]『憲王欽宣帝子王欽子王縯子莽貶爲公明年廢』，按《漢書·諸侯王表》：『淮陽憲王欽，宣帝子。元康三年四月丙子立，三十六年薨。河平二年，文王玄嗣，二十六年薨。元壽二年，王縯嗣，十九年，王莽篡位，貶為公，明年廢。』稿本作『憲王欽，宣帝子。王玄，欽子。王縯，玄子，莽貶爲公，明年廢』。其中二『玄』字被框去。

[十一]『右殘封』，依全書體例，『封』下疑脱『泥』字。

[十二]『按史記諸侯年表莊侯楊喜高帝七年封』，按《史記》，『莊侯楊喜，高帝七年封』見于《高祖功臣侯者年表》。

[十三]『在南』，按《漢書·地理志》，前脱『介山』二字。

[十四]『王莽貶』，按《漢書·外戚恩澤侯表》作『王莽敗』。

[十五]此封泥考中各『蘩』字，依所引書，俱作『繁』。

[十六]『説文亏部云古文平作乎又云釆辨别也讀若辨古文作兮』，按清光緒中廣雅書局刊民國九年番禺徐紹棨彙編重印『廣雅書局叢書』本、『叢書集成初編』據『史學叢書』排印本《漢書辨疑》，『平』古文作『𠀭』；『釆』古文作『[illegible]』。稿本不誤。

[十七]『今淄州濟陽縣』，按中華書局一九八三年版『中國古代地理總志叢刊』本《元和郡縣志》無『今』字。

勘記：『太子側立 張文虎《（校刊史記集解索隱正義）札記》卷四：「《表》作則，《漢書》同，此誤。」』

［八］『後漢書郡國志』，卷一『皇帝信璽』封泥考中有《續漢書・輿服志》，《後漢書・李雲傳》《北海靖王傳》《蔡邕傳》，『太史令之印』封泥考中有《續漢書・百官志》，『都候丞印』封泥考中有《續漢書・百官志》，『中車司馬』封泥考中有《漢書・百官公卿表》《續漢書・百官志》，等等，可見本書《後漢書》乃確指范曄所撰之書，《續漢書》乃確指司馬彪所撰之書。《後漢書・郡國志》實爲劉昭以司馬彪《續漢書》所補。且『太史令之印』封泥考中《續漢書》稿本原作《後漢書》，此處似亦以《續漢書・郡國志》爲佳。

［九］『王非景帝子徙魯四年爲郡』，宋乾道七年蔡夢弼東塾刻本、宋淳熙三年張杅桐川郡齋刻八年耿秉重修本《史記・漢興以來諸侯王年表》作『（孝景前二年）初王非元年。景帝子。徙魯。（孝景前四年）爲郡』。『百衲本』《史記》作『（孝景前二年）初王餘元年。景帝子。徙魯。（孝景前四年）爲郡』。又按中華書局二〇一四年『點校本二十四史修訂本』《史記・漢興以來諸侯王年表》作『（孝景前二年）初王餘元年。景帝子。（孝景前三年，初王餘二年）徙魯。爲郡』。《校勘記》云：『按：《漢書》卷一四《諸侯王表》「魯恭王餘景帝二年三月甲寅立爲淮陽王，二年，徙魯。」』

卷二校記

〔一〕『景帝十五年』，按《漢書·百官公卿表》作『景帝中五年』。

〔二〕『在』，按中華書局一九八五年版《抱朴子内篇校釋》作『住』。

〔三〕『齊悼王』，按《漢書·諸侯王表》作『齊悼惠王』。

〔四〕『漢書諸侯王表真定頃王平傳五世』，按《漢書·諸侯王表》以世系作頃王平、烈王偃、孝王申、安王雍、共王普、王楊，計傳六世。

〔五〕『哀王』，按《漢書·諸侯王表》，哀王名弘。依本書撰述體例，其下疑脱『弘』字。稿本原有『弘』字，後被框去。

〔六〕『魯恭王』，按《漢書·諸侯王表》作『魯共王』。《景十三王傳》作『魯恭王』。

〔七〕『肥子則悼惠世家作側』，按《史記·齊悼惠王世家》《漢興以來諸侯王年表》及《漢書·諸侯王表》，劉則爲劉肥之孫。《史記·齊悼惠王世家》云：『悼惠王即位十三年，以惠帝六年卒。子襄立，是爲哀王……（孝文帝元年）齊哀王卒，太子則立，是爲文王。』『悼惠世家作側』，中華書局二〇一四年『點校本二十四史修訂本』《史記·齊悼惠王世》校

太原太守章 陳臧

太原太守章 吳臧

太原太守章 吳臧

上黨太守章 陳臧

上黨太守章 陳臧

上□太守章 下半缺 陳臧

河內太守章 陳臧

河南太守章 陳臧

河南太守章 陳臧

河南太守章 吳臧

東郡太守章 陳臧

東郡太守章 陳臧

東郡太守章 吳臧

潁川太守 陳臧

潁川太守章 陳臧

潁川太守章 陳臧

潁川太守章 吳臧

汝南太守章 陳臧

汝南太守章 陳臧

汝南太守章 吳臧

汝南太守章 吳臧

江夏太守章 陳臧

廬江太守章 吳臧

廬江太守章 吳臧

廬□太□章 下半缺 陳臧

九江太守章 吳臧

九江太守章 吳臧

九江太守章 吳藏

山陽太守章 陳藏

濟陰太守章 吳藏

濟陰太守章 郡名二字半殘 吳藏

沛郡太守 陳藏

沛郡太守章 吳藏

沛郡太守章 吳藏

沛郡太守章 吳藏

沛郡太守章 陳藏

沛□太□章 陳臧

魏郡太守章 陳臧

魏郡太守章 陳臧

鉅鹿太守章 陳臧

常山太守章 吳臧

常山□□□ 吳臧

清河太守章 陳臧

涿郡太守章 陳臧

千乘太守章 吳臧

千乘太守章 陳臧

濟南太守章 吳臧

濟南太守章 吳臧

濟南太守章 吳臧

濟南太守章 陳臧

□南太守章 上半缺坿 吳臧

□南□守□ 上半左半均缺坿 吳臧

泰山太守章 陳臧

泰山太守章 陳臧

齊郡太守章 陳臧

齊郡太守章 吳臧

北海太守章 陳臧

北海太守章 吳臧

北海太守章 吳臧

北海太守章 吳臧

北口太守章 北下字泐坿 吳臧

東萊太守章 陳臧

琅邪太守章 陳臧

琅邪太守章 陳臧

琅邪太守章 陳臧

琅邪太守章 陳臧

琅邪太守章 陳臧

琅邪太守章 吳臧

琅邪太守章 吳臧

東海太守章 吳臧

臨淮太守章 陳臧

臨淮太守章 陳臧

臨淮太守章 吳臧

會稽太守章 陳臧

會稽太守章 陳臧

丹陽太守章 陳臧

丹陽太守章 吳臧

豫章太守章 吳臧

豫□太□章 下半缺 陳臧

□章□守章 上半缺 陳臧

桂陽太守章 吳臧

漢中太守章 陳臧

廣漢太守章 陳臧

廣漢太守章 陳臧

廣漢太守章 陳臧

廣漢太守章 吳臧

廣漢太守章 吳臧

廣漢太守章 吳臧

蜀郡太守章 陳臧

楗爲太守章 吳臧

犍爲太守章 吳藏

犍爲□守□ 左半缺 吳藏

越巂太守 陳藏

越巂太守章 陳藏

越巂太守章 陳藏

越巂太守章 陳藏

益州太守章 吳藏

益州太守章 吳藏

巴郡太守章 陳藏

封泥攷略卷三

河内守封泥

右封泥四字印文曰。河内守印。桉漢書地理志。河内郡。高帝

元年爲殷國。二年更名。屬司隸。百官公卿表。郡守。秦官。掌治其郡。秩二千石。有丞。邊郡又有長史。掌兵馬。秩皆六百石。景帝中二年更名太守。此景帝前郡守之印也。

南陽守封泥

右封泥四字印文曰。南陽守印。桉漢書地理志。南陽郡。秦置。屬荆州。守。詳前。

南陽守封泥

右封泥四字印文曰。南陽守印。詳前。

南郡守封泥

右封泥四字印文曰。南郡守印。桉漢書地理志。南郡。秦置。高帝元年更爲臨江郡。五年復故。景帝二年復爲臨江。中二年復故。屬荆州。守。詳前。

盧江豫守封泥

右封泥四字印文曰。盧江豫守。桉漢書地理志。盧江郡。故淮

南。文帝十六年別爲國。屬揚州。又桉盧江郡乃楚漢之閒分秦九江郡所置。漢因之。見英布傳。又見揚雄自序。水經注。豫章郡。春秋屬楚。郘令尹子蕩師於豫章者也。秦以爲盧江南部。漢高祖六年始命灌嬰以爲豫章郡。據此。則豫爲秦盧江郡之南部。故此印文曰豫守而冠以盧江。是秦印已。

傅陽守封泥

右封泥四字印文曰。傅陽守印。桉漢書地理志。楚國傅陽縣。

故偪陽國。又陶謙傳注。楚宣王滅宋。改曰傅陽。故城在今沂

水承縣南。齊乘。祝融之孫陸終弟四子求言封於偪陽。後爲

晉所滅。今嶧州南五十里有偪陽城。漢爲傅陽縣。偪字。古今

人表作福陽。又王子侯表。博陽侯就。齊孝王子。注曰。濟南。志

無博陽。索隱曰。汝南。水經注。柤水出於楚之柤地。東南流逕

偪陽故城東北。史記高祖功臣侯表。博陽侯周聚。索隱曰。屬

彭城。今桉此封泥印文。專左作H。不完。自是傅非博。出山左。

地當卽沂水承縣南。楚傅陽劉就所封侯國之守之印也。

會稽守封泥

右封泥四字印文曰。會稽守印。桉漢書地理志。會稽郡。秦置。高帝六年爲荆國。十二年更名吳。景帝四年屬江都。屬揚州。守。詳前。

隴西守封泥

右封泥四字印文曰。隴西守印。桉漢書地理志。隴西郡秦置。守。詳前。

南□守封泥

右封泥四字印文曰。南□守印。南下一字爲陽。爲郡。爲海。未可定。附郡守後。

河東太守封泥

右封泥五字印文曰。河東太守章。桉漢書地理志。河東郡。秦置。太守。詳前。

河東太守封泥

右封泥五字印文曰。河東太守章。詳前。

太原太守封泥

右封泥五字印文曰太原太守章。桉漢書地理志。太原郡秦置。屬幷州。太守。詳前。

太原太守封泥

右封泥五字印文曰。太原太守章。詳前。

太原太守封泥

右封泥五字印文曰。太原太守章。詳前。

太原太守封泥

右封泥五字印文曰。太原太守章。詳前。

上黨太守封泥

右封泥五字印文曰。上黨太守章。案漢書地理志。上黨郡。秦置。屬幷州。太守。詳前。

上黨太守封泥

右封泥五字印文曰。上黨太守章。詳前。

上□大□封泥

右封泥五字印文曰。上□黨太□守。章下半缺弟二字。上尚可見。詳前。

河内太守封泥

右封泥五字印文曰。河内太守章。河内郡及太守。詳前。

河南太守封泥

右封泥五字印文曰。河南太守章。桉漢書地理志。河南郡。故秦三川郡。高帝更名。屬司隸。太守詳前。

河南太守封泥

右封泥五字印文曰。河南太守章。詳前。

河南太守封泥

右封泥五字印文曰。河南太守章。詳前。

東郡太守封泥

右封泥五字印文曰。東郡太守章。桉漢書地理志。東郡。秦置。屬兖州。太守。詳前。

東郡太守封泥

右封泥五字印文曰。東郡太守章。詳前。

東郡太守封泥

右封泥五字印文曰東郡太守章。詳前。

潁川太守封泥

右封泥四字印文曰。潁川太守。桉漢書地理志。潁川郡。秦置。高帝五年爲韓國。六年復故。屬豫州。此無章字。是武帝太初元年以前太守之印也。

潁川太守封泥

右封泥五字。印文曰。潁川太守章。桉漢書地理志。潁川郡。秦置。高帝五年爲韓國。六年復故。屬豫州。太守。詳前。

潁川太守封泥

右封泥五字印文曰。潁川太守章。詳前。

穎川太守封泥

右封泥五字印文曰。穎川太守章。詳前。

汝南太守封泥

右封泥五字印文曰。汝南太守章。桉漢書地理志。汝南郡。高帝置。屬豫州。太守。詳前。

汝南太守封泥

右封泥五字印文曰。汝南太守章。詳前。

汝南太守封泥

右封泥五字印文曰。汝南太守章。詳前。

汝南太守封泥

右封泥五字印文曰。汝南太守章。詳前。

江夏太守封泥

右封泥五字印文曰。江夏太守章。桉漢書地理志。江夏郡高帝置。屬荆州。太守詳前。

盧江太守封泥

右封泥五字印文曰。盧江太守章。盧江及太守。詳前。

廬江太守封泥

右封泥五字印文曰。廬江太守章。詳前。

廬江太守封泥

右封泥五字印文曰。廬□江太□守章。詳前。

九江太守封泥

右封泥五字印文曰。九江太守章。案漢書地理志。九江郡。秦置。高帝四年更名爲淮南國。武帝元狩元年復故。屬揚州。太守。詳前。

九江太守封泥

右封泥五字印文曰。九江太守章。詳前。

九江太守封泥

右封泥五字印文曰。九江太守章。詳前。

山陽太守封泥

右封泥五字印文曰。山陽太守章。桉漢書地理志。山陽郡。故梁。景帝中六年別爲山陽國。武帝建元五年別爲郡。屬兗州。太守。詳前。

濟陰太守封泥

右封泥五字印文曰。濟陰太守章。桉漢書地理志。濟陰郡。故梁。景帝中六年別爲濟陰國。宣帝甘露二年更名定陶。屬兖州。太守。詳前。

濟陰太守封泥

右封泥五字印文曰。□濟□陰太守章。詳前。

沛郡太守封泥

右封泥四字印文曰。沛郡太守。桉漢書地理志。沛郡。故秦泗水郡。高帝更名。屬豫州。太守印無章字。詳前。

沛郡太守封泥

右封泥五字印文曰。沛郡太守章。詳前。

沛郡太守封泥

右封泥五字印文曰。沛郡太守章。詳前。

沛郡太守封泥

右封泥五字印文曰。沛郡太守章。詳前。

沛郡太守封泥

右封泥五字印文曰。沛郡太守章。詳前。

沛口大口封泥

右封泥五字印文曰。沛口郡太口守章。下半缺。詳前。

魏郡太守封泥

右封泥五字印文曰。魏郡太守章。桉漢書地理志。魏郡。高帝置。屬冀州。太守。詳前。

魏郡太守封泥

右封泥五字印文曰。魏郡太守章。詳前。

鉅鹿太守封泥

右封泥五字印文曰。鉅鹿太守章。桉漢書地理志。鉅鹿郡。秦置屬冀州。太守。詳前。

常山太守封泥

右封泥五字印文曰。常山太守章。桉漢書地理志。常山郡。高帝置。屬冀州。太守。詳前簠齋陳氏臧有常山左三銅虎符。

常山□□封泥

右封泥五字印文曰。常山□太□守□。章詳前。

清河太守封泥

右封泥五字印文曰。清河太守章。桉漢書地理志。清河郡。高帝置。屬冀州。太守。詳前。

涿郡太守封泥

右封泥五字印文曰。涿郡太守章。桉漢書地理志。涿郡。高帝置。屬幽州。太守。詳前。

千乘太守封泥

雙虞壺齋封泥

右封泥五字印文曰。千乘太守章。桉漢書地理志。千乘郡。高帝置。屬青州。太守。詳前。

千乘太守封泥

右封泥五字印文曰。千乘太守章。詳前。

濟南太守封泥

雙虞壺齋封泥

右封泥五字印文曰。濟南太守章。桉漢書地理志。濟南郡。故齊。文帝十六年別爲濟南國。景帝二年爲郡。屬青州。太守詳前。

濟南太守封泥

右封泥五字印文曰。濟南太守章。詳前。

濟南太守封泥

右封泥五字印文曰。濟南太守章。詳前。

濟南太守封泥

右封泥五字印文曰。濟南太守章。詳前。

□南太守封泥

右封泥五字印文曰□南太守章。南上或汝、或濟、或河，未可定。㨗濟南太守後。

□南□守封泥

右封泥五字印文曰。□南□太守□。章姑坿濟南太守後。

泰山太守封泥

右封泥五字印文曰。泰山太守章。桉漢書地理志。泰山郡。高帝置。屬兖州。太守。詳前。

泰山太守封泥

右封泥五字印文曰。泰山太守章。詳前。

齊郡太守封泥

右封泥五字印文曰。齊郡太守章。桉漢書地理志。齊郡。秦置。屬青州。太守。詳前。

齊郡太守封泥

右封泥五字印文曰。齊郡太守章。詳前。

北海太守封泥

右封泥五字印文曰。北海太守章。桉漢書地理志。北海郡。景帝中二年置。屬青州。太守。詳前。

北海太守封泥

右封泥五字印文曰。北海太守章。詳前。

北海太守封泥

右封泥五字印文曰。北海太守章。詳前。

北海太守封泥

右封泥五字印文曰。北海太守章。詳前。

北□太守封泥

右封泥五字印文曰。北□太守章。詳前。

東萊太守封泥

右封泥五字印文曰。東萊太守章。桉漢書地理志。東萊郡。高帝置。屬青州。太守。詳前。簠齋陳氏臧有東萊左二銅虎符。

琅邪太守封泥

右封泥五字印文曰。琅邪太守章。桉漢書地理志。琅邪郡。秦置。屬徐州。太守。詳前。

琅邪太守封泥

右封泥五字印文曰。琅邪太守章。詳前。

瑯邪太守封泥

右封泥五字印文曰。瑯邪太守章。詳前。

琅邪太守封泥

右封泥五字印文曰。琅邪太守章。詳前。

琅邪太守封泥

右封泥五字印文曰。琅邪太守章。詳前。

琅邪太守封泥

右封泥五字印文曰。琅邪太守章。詳前。

琅邪太守封泥

右封泥五字印文曰。琅邪太守章。詳前。

東海太守封泥

右封泥五字。印文曰。東海太守章。桉漢書地理志。東海郡。高帝置。屬徐州。太守詳前。

臨淮太守封泥

右封泥五字印文曰。臨淮太守章。桉漢書地理志。臨淮郡。武帝元狩六年置。太守。詳前。

臨淮太守封泥

右封泥五字印文曰。臨淮太守章。詳前。

臨淮太守封泥

右封泥五字印文曰。臨淮太守章。詳前。

會稽太守封泥

右封泥五字印文曰。會稽太守章。會稽郡及太守。詳前。

會稽太守封泥

右封泥五字印文曰。會稽太守章。詳前。

丹楊太守封泥

右封泥五字印文曰。丹楊太守章。桉漢書地理志。丹楊郡。故鄣郡屬江都。武帝元封二年更名丹陽。屬揚州。攷唐以前金石刻。丹楊皆从木。蓋以山多赤柳得名。則漢書从阝。乃後世傳寫之誤。太守。詳前。

丹楊太守封泥

右封泥五字印文曰。丹楊太守章。詳前。

豫章太守封泥

右封泥五字印文曰。豫章太守章。桉漢書地理志。豫章郡高帝置。屬揚州。太守。詳前。

豫口太口封泥

右封泥五字印文曰。豫口章太口守章。缺下半。詳前。

口章口守封泥

右封泥五字印文曰。口豫章口太守章。缺上半。詳前。

桂陽太守封泥

右封泥五字印文曰。桂陽太守章。桉漢書地理志。桂陽郡。高帝置。屬荆州。太守。詳前簠齋陳氏臧有桂陽右一銅虎符。

漢中太守封泥

右封泥五字印文曰漢中太守章。桉漢書地理志。漢中郡。秦置。屬益州。太守詳前。

廣漢太守封泥

右封泥五字印文曰。廣漢太守章。桉漢書地理志。廣漢郡。高帝置。屬益州。太守。詳前。

廣漢太守封泥

右封泥五字印文曰。廣漢太守章。詳前。

廣漢太守封泥

右封泥五字印文曰。廣漢太守章。詳前。

廣漢太守封泥

右封泥五字印文曰。廣漢太守章。詳前。

廣漢太守封泥

右封泥五字印文曰。廣漢太守章。詳前。

廣漢太守封泥

右封泥五字印文曰。廣漢太守章。詳前。

蜀郡太守封泥

右封泥五字印文曰。蜀郡太守章。桉漢書地理志。蜀郡。秦置。屬益州。太守。詳前。

楗爲太守封泥

右封泥五字印文曰。楗爲太守章。棪漢書地理志。楗爲郡武帝建元六年開。屬益州。攷洪氏隸釋漢碑。查氏銅鼓書堂印譜漢印。楗爲並从木。說文有楗無犍。則漢書从牛亦後世傳寫之誤。太守詳前。

犍爲太守封泥

右封泥五字印文曰。犍爲太守章。詳前。

犍爲太守封泥

右封泥五字印文曰。犍爲□太守□章。詳前。

䣓巂太守封泥

右封泥四字印文曰。䣓巂太守。桉漢書地理志越巂郡。武帝元鼎六年開。屬益州。越。印文竝作䣓。無章字。說詳前。

越巂太守封泥

右封泥五字印文曰越巂太守章。詳前。

跋巂太守封泥

右封泥五字印文曰。跋巂太守章。詳前。

越巂太守封泥

右封泥五字印文曰。越巂太守章。詳前。

益州太守封泥

右封泥五字印文曰。益州太守章。桉漢書地理志。益州郡。武帝元封二年開。屬益州。太守。詳前。

益州太守封泥

右封泥五字印文曰。益州太守章。詳前。

巴郡太守封泥

右封泥五字印文曰。巴郡太守章。桉漢書地理志。巴郡。秦置。屬益州。太守。詳前。

卷三校記

［一］『陶謙傳』，在《後漢書》。

封泥攷略卷四目

海豐吳式芬子苾
濰縣陳介祺壽卿　同輯

武都太□章 下左半缺 吳臧

武□太□章 下半缺坿 陳臧

隴西太守章 吳臧

隴西太守章 吳臧

隴西太守章 陳臧

天水太守章 陳臧

天水太守章 吳臧

敦煌太守章 陳臧

安□太□章 下半缺 陳臧

北地太守章 陳藏

西河太守章 陳藏

西河太守章 吳藏

西河太守章 吳藏

朔方太守章 吳藏

雲中太守章 陳藏

定襄太守章 吳藏

定襄太□□ 左半缺 吳藏

上谷太守章 吳藏

漁陽太守章 吳臧
漁陽太守章 吳臧
漁陽□□章下半缺 吳臧
右北太守章 陳臧
遼西太守章 陳臧
元菟太守章 陳臧
元菟太守□ 二殘者合一。章字缺 吳臧
九眞太守 陳臧
九眞太守章 陳臧

膠東太守章 陳臧

膠西太守章 吳臧

淮陽太守章 陳臧

淮陽太守章 吳臧

□陽太守章 陽上字存水旁。似淮埘 吳臧

□陽□守章 埘 吳臧

大河太守章 陳臧

□河□守章 上半缺埘 陳臧

□河□守章 上半缺埘 吳臧

彭城太守章　吳臧

□□太守章　右半缺封　陳臧

□□太守章　上半缺封　陳臧

□□太守章　右半缺封　陳臧

□□太守章　右半缺封　陳臧

□□太守章　右半缺封　陳臧

□□太守章　右半缺封　陳臧

郡守丞

河南守丞　陳臧

□□守丞右半缺坿　吳臧

郡長史

上郡長史陳臧

郡尉佐守

參川尉印秦印　陳臧

河南尉印有縣　陳臧

汝南尉印陳臧

南郡尉印陳臧

卒尉坿

臨菑卒尉 陳臧

郡都尉 景帝更名

弘農都尉章 吳臧

南郡都尉章 吳臧

南郡都尉□ 左半缺 吳臧

鉅鹿都尉章 吳臧

清河都尉章 陳臧

平原都尉章 吳臧

平原都尉章 陳臧

會稽都尉章　陳臧

蜀郡都尉章　吳臧

蜀郡都尉章　吳臧

蜀郡都尉□　左半缺　吳臧

䟣巂都尉章　陳臧

大河都尉章　陳臧

□河都尉章　吳臧

□□都尉章　郡名殘　陳臧

□□都尉章　右半缺　陳臧

□□□尉章 上半缺。尉上或都或大未可定。姑坿此 陳臧

郡司馬

豫章司馬 陳臧

琅邪司馬 秦印 陳臧

□西司馬 上半缺 陳臧

盧都司馬 盧都未詳。姑坿此 陳臧

郡候

豫章候印 吳臧

郡均長 此仍當屬少府均官長

遼東均長 吳臧

□東□長 上半缺附 陳臧

郡庫令

上郡庫令 吳臧

漁陽庫令 陳臧

北□庫□ 下半缺附 陳臧

郡武庫

雒陽武庫 吳臧

郡縣庫

成都庫半通印 陳藏

郡車令

代郡車令 吳藏

郡長

沈黎長印 陳藏

郡鹽官

楗鹽左丞 陳藏

郡鐵官

齊鐵官印 陳藏

齊□官□ 下半缺坿 陳臧

齊□官□ 下半缺坿 陳臧

齊□□□ 殘存一字坿 陳臧

郡發弩官

南郡發弩 陳臧

郡縣田官

趙郡左田 陳臧

田廥 秦半通印 陳臧

關都尉

關都尉印章陳臧

關長

扜關長印陳臧

關尉

扜關尉印吳臧

塞尉當從關尉

呼佗塞尉陳臧

□□塞□殘存一字坿　吳臧

部丞

後部牢丞 吳臧

封泥攷略卷四

武都太守封泥

右封泥五字印文曰。武都太守章。桉漢書地理志。武都郡。武帝元鼎六年置。太守。詳前。

武都太守封泥

右封泥五字印文曰。武都太守章。詳前。

武都太守封泥

右封泥五字印文曰。武都太守章。詳前。

武都太守封泥

右封泥五字印文曰。武都太守章。詳前。

武都太守封泥

右封泥五字印文曰。武都太□守章。詳前。

武□太□封泥

匋齋藏古封泥

右封泥五字印文曰。武□太□守章。坿武都太守後。

隴西太守封泥

右封泥五字印文曰。隴西太守章。隴西及太守。詳前。

隴西太守封泥

右封泥五字印文曰。隴西太守章。詳前。

隴西太守封泥

右封泥五字印文曰。隴西太守章。詳前。

天水太守封泥

右封泥五字印文曰。天水太守章。桉漢書地理志。天水郡。武帝元鼎三年置。太守。詳前。

天水太守封泥

右封泥五字印文曰。天水太守章。詳前。

敦煌太守封泥

右封泥五字印文曰。敦煌太守章。桉漢書地理志。敦煌郡。武帝後元年分酒泉置。太守。詳前。

安□太□封泥

右封泥五字印文曰。安□定太□守章。缺下半。桉漢書地理

志。安定郡。武帝元鼎三年置。續漢書百官志州郡注。蔡質漢儀曰。建安十八年三月庚寅省州幷郡。冀州得安平。此安字下缺。未能定爲何郡。制同西漢封泥。姑依地理志次。編於敦煌北地之間。

北地太守封泥

右封泥五字印文曰。北地太守章。桉漢書地理志。北地郡。秦置。太守。詳前。

西河太守封泥

右封泥五字印文曰。西河太守章。桉漢書地理志。西河郡。武帝元朔四年置。屬幷州。太守。詳前。

西河太守封泥

右封泥五字印文曰。西河太守章。詳前。

西河太守封泥

右封泥五字印文曰。西河太守章。詳前。

朔方太守封泥

右封泥五字印文曰。朔方太守章。桉漢書地理志。朔方郡。武帝元朔二年開。屬幷州。太守詳前。

雲中太守封泥

右封泥五字印文曰。雲中太守章。桉漢書地理志。雲中郡。秦置。屬幷州。太守。詳前。

定襄太守封泥

右封泥五字印文曰。定襄太守章。桉漢書地理志。定襄郡。高帝置。屬幷州。太守。詳前。

定襄太守封泥

右封泥五字印文曰。定襄太□守□。章詳前。

上谷太守封泥

右封泥五字印文曰。上谷太守章。桉漢書地理志。上谷郡。秦置。屬幽州。太守詳前。

漁陽太守封泥

右封泥五字印文曰。漁陽太守章。桉漢書地理志。漁陽郡。秦置。屬幽州。太守。詳前。

漁陽太守封泥

雙虞壺齋封泥

右封泥五字印文曰。漁陽太守章。詳前。

漁陽太守封泥

右封泥五字印文曰。漁陽□太□守章。詳前。

右北太守封泥

右封泥五字印文曰。右北太守章。桉漢書地理志。右北平郡。秦置。屬幽州。此省平字。太守。詳前。

遼西太守封泥

右封泥五字印文曰遼西太守章。桉漢書地理志。遼西郡。秦置。屬幽州。太守。詳前。

玄兔太守封泥

右封泥五字印文曰。玄兔太守章。桉漢書地理志。元菟郡。武帝元封四年開。屬幽州。兔字。經史及漢碑往往加卄。然說文無菟字。元兔太守虎符亦作兔。則印文無卄乃本字也。太守。詳前。

立菟太守封泥

右封泥五字印文曰。立菟太守章。詳前。

九眞太守封泥

右封泥四字印文曰。九眞太守。桉漢書地理志。九眞郡。武帝元鼎六年開。太守及無章字。詳前。

九眞太守封泥

右封泥五字印文曰。九眞太守章。九眞及太守。詳前。

膠東太守封泥

右封泥五字印文曰。膠東太守章。桉漢書地理志。膠東國。故齊。高帝元年別爲國。五月復屬齊。文帝十六年復爲國。太守。詳前。

膠西太守封泥

右封泥五字印文曰。膠西太守章。桉漢書地理志。高密國。故齊。文帝十六年別爲膠西國。宣帝本始元年更爲高密國。太守。詳前。

淮陽太守封泥

右封泥五字印文曰。淮陽太守章。桉漢書地理志。淮陽國。高帝十一年置。屬兗州。太守。詳前。

淮陽太守封泥

右封泥五字印文曰。淮陽太守章。詳前。

□陽太守封泥

右封泥五字印文曰。□似淮陽太守章。坿淮陽太守後。

□陽□守封泥

右封泥五字印文曰。□陽□太守章。埘淮陽太守後。

大河太守封泥

右封泥五字印文曰。大河太守章。桉漢書地理志。東平國。故

梁國。景帝中六年別爲濟東國。武帝元鼎元年爲大河郡。宣帝甘露二年爲東平國。屬兖州。史記梁孝王世家。濟東王彭離者。梁孝王子。驕悍殺人。廢爲庶人。遷上庸。地入於漢。爲大河郡。上庸。應劭曰。春秋時庸國。十七史商榷夏侯勝傳云。初魯共王分魯西鄉以封子節侯。別屬大河。大河後更名東平。太守。詳前。

□河□守封泥

右封泥五字印文曰。□河□太守章。坿大河太守後。

□河□守封泥

右封泥五字印文曰。□河□太守章。坿大河太守後。

彭城太守封泥

右封泥五字印文曰。彭城太守章。桉漢書地理志。楚國。高帝置。宣帝地節元年更爲彭城郡。黃龍元年復故。屬徐州。太守。詳前。

□□太守封泥

右封泥五字印文曰。□□太守章。

□□太守封泥

右封泥五字印文曰。□□太守章。

□□太守封泥

右封泥五字印文曰。□□太守章。

□□太守封泥

右封泥五字印文曰。□□太守章。

□□太守封泥

右封泥五字印文曰。□□太守章。

口口太守封泥

右封泥五字印文曰。口口太守章。

河南守丞封泥

右封泥四字印文曰。河南守丞。河南郡及守丞。詳前。

□□守丞封泥

雙虞壺齋封泥

右封泥四字印文曰。□□守丞。郡名闕。郡守丞。詳前。

上郡長史封泥

右封泥四字印文曰。上郡長史。上郡及長史竝詳前。又續漢書百官志。郡當邊戍者。丞爲長史。古今注曰。建武十四年罷邊郡太守丞。長史領丞職。

參川尉封泥

右封泥四字印文曰。參川尉印。桉漢書地理志河南郡注。故

秦三川郡。高帝更名雒陽[四]。百官公卿表。郡尉。秦官。掌佐守典武職甲卒。此曰參川。即三川郡尉之印。印篆參字與石鼓同。字又近斯。當是秦印。史記李斯列傳。拔三川之地。斯長男由爲三川守。亦一證也。

河南尉封泥

右封泥四字印文曰。河南尉印。案漢書地理志。河南郡有河南縣。此爲郡尉或縣尉未定。惟與汝南尉南郡尉似一時制。

汝南尉封泥

右封泥四字印文曰。汝南尉印。汝南及郡尉。詳前。

南郡尉封泥

右封泥四字印文曰。南郡尉印。南郡及郡尉詳前。

臨菑卒尉封泥

右封泥四字印文曰。臨菑卒尉。出臨菑。桉尉之名。始於周。晉悼公立軍尉。史記陳涉世家將尉注。尉將屯九百人。故云將尉。漢書百官公卿表。郡尉。秦官。掌佐守典武職甲卒。此卒尉官名不見漢表志。或秦官。姑坿郡尉後。

弘農都尉封泥

右封泥五字印文曰。弘農都尉章。桉漢書地理志。宏農郡。武帝元鼎四年置。百官公卿表。郡尉。景帝中二年更名都尉。

南郡都尉封泥

右封泥五字印文曰。南郡都尉章。南郡及都尉。詳前。

南郡都尉封泥

右封泥五字印文曰。南郡都尉□。章詳前。

鉅鹿都尉封泥

右封泥五字印文曰。鉅鹿都尉章。鉅鹿及郡都尉詳前。

清河都尉封泥

右封泥五字印文曰。清河都尉章。清河及郡都尉。詳前。

平原都尉封泥

右封泥五字印文曰。平原都尉章。桉漢書地理志。平原郡。高帝置。屬青州。郡都尉。詳前。

平原都尉封泥

右封泥五字印文曰。平原都尉章。詳前。

會稽都尉封泥

右封泥五字印文曰。會稽都尉章。會稽及郡都尉。詳前。

蜀郡都尉封泥

右封泥五字印文曰。蜀郡都尉章。蜀郡及郡都尉。詳前。

蜀郡都尉封泥

右封泥五字印文曰。蜀郡都尉章。詳前。

蜀郡都尉封泥

右封泥五字印文曰。蜀郡都尉□。章詳前。

越巂都尉封泥

右封泥五字印文曰。越巂都尉章。越巂及郡都尉。詳前。

大河都尉封泥

右封泥五字印文曰。大河都尉章。大河及郡都尉。詳前。

□河都尉封泥

雙虞壺齋封泥

右封泥五字印文曰。□河都尉章。河上一字闕。攷漢郡國有清河西河大河。則河上一字不可知也。郡都尉詳前。

□□都尉封泥

右封泥五字印文曰。□□都尉章。郡名僅少存。

□□都尉封泥

右封泥五字印文曰。□□都尉章。郡名闕。

□□□尉封泥

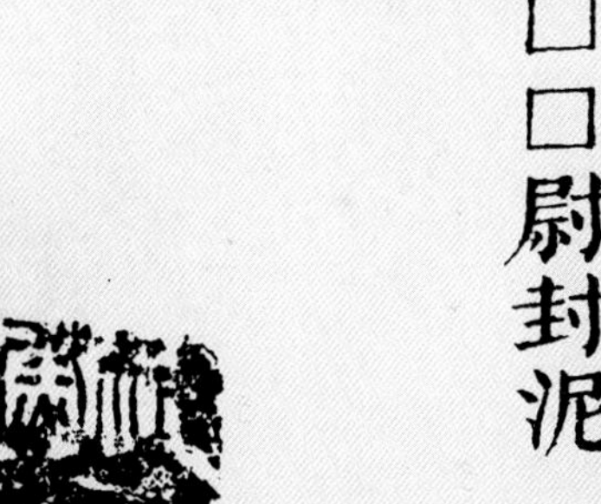

右封泥五字印文止存下半。曰□□□尉章。第二字不易定。尉上一字或都。或大。亦無從定。姑坿郡都尉後。

豫章司馬封泥

右封泥四字印文曰。豫章司馬。豫章郡。詳前郡國司馬見於

印譜。有膠西司馬建安司馬。瞿氏集古印證謂。隋以前郡國皆無司馬。疑後代私印。以余攷之。漢書馮奉世傳。奉世長子譚。太常舉孝廉爲郎。功次補天水司馬。如湻曰。漢注。邊郡置都尉及千人司馬。皆不治民也。又西南夷傳。金城司馬陳立爲牂柯太守。則郡國司馬漢書亦婁見。特百官表無之耳。又續漢書百官志。亭有亭長。以禁盜賊。本注曰。亭長主求捕盜賊。承望都尉。注。漢官儀曰。當兵行長領。置部尉千人司馬候。則封泥之郡司馬郡候固見於志傳注矣。

琅邪司馬封泥

右封泥四字印文曰。琅邪司馬。琅邪及郡司馬。詳前。

□西司馬封泥

右封泥四字印文曰。□西司馬。郡司馬。詳前。

盧都司馬封泥

右封泥四字印文曰。盧都司馬。左隱三年尋盧之盟杜注。盧即齊地濟北盧縣故城是也。

豫章候封泥

右封泥四字印文曰。豫章候印。豫章及郡候。詳前。郡國候見

於印譜。有膠西侯。桂氏繆篆分韻五肴膠注。膠西矦印〔五〕。十二齊西注。侯誤矦。瞿氏印證但見西字注。故亦誤爲矦。菑川侯。桂瞿氏竝誤爲矦。濟南侯。瞿氏印證謂郡國有矦未聞。豈誤以侯爲矦乃五等之所封邪。余桉漢書律歷志酒泉矦〔六〕宜君。師古曰。宜君。侯之名也。侯。官號也。佞幸董賢傳其父爲雲中侯。則郡國侯亦婁見漢書。

遼東均長封泥

右封泥四字印文曰。遼東均長。桉漢書地理志。遼東郡。秦置。屬幽州。攷史記平準書。言元封元年桑宏羊請置大農部丞數十人。分部主郡國。各往往縣置均輸官。令遠方各以其物貴時商賈所轉販者爲賦。而相灌輸。置平準於京師。漢書百官公卿表。大司農。屬官有均輸令丞。又郡國諸倉農監都水六十五官長丞皆屬焉。孟康曰。均輸。謂諸當所有輸於官者。皆令輸其地土所饒。平其所在時賈。官更於他處賣之。輸者既便。而官有利也。又少府。屬官有均官長丞。地理志。千乘郡。高帝置。有均輸官。又黄霸傳。以廉稱察補河東均輸長。則印云遼東均長。即均輸長也。印以四字爲文。故省輸字耳。瞿氏印證有千乘均監。亦無輸字。此印以遼東論。似當屬郡。以均長論。當屬大司農。今從原次。

□東□長封泥

右封泥四字印文曰。□東□長。坿遼東均長後。

上郡庫令封泥

右封泥四字印文曰。上郡庫令。上郡。詳前。攷漢書百官公卿表。郡守屬官無庫令。河間獻王傳。成帝建始元年立上郡庫令良。是爲河間惠王。如淳曰。漢官北邊郡庫。官兵之藏。故置令。印文曰上郡庫令。或卽河間惠王之遺印未可知也。

漁陽庫令封泥

右封泥四字印文曰。漁陽庫令。漁陽郡及庫令詳前。

北□庫□封泥

右封泥四字印文曰。北□庫□。北下庫下皆闕。攷漢志。郡國有北海北地北平。則北下一字未可臆斷。庫下一字以前二印推之。或是令字。詳前。

雒陽武庫封泥

右封泥四字印文曰。雒陽武庫。雒陽。詳前。桉兩漢表志皆有

武庫令丞。此印云雒陽武庫。知東漢而非西漢矣。攷印制令丞皆著官名。瞿氏印證有武庫令印。武庫中丞。此但曰武庫。當爲武庫掾史之印。漢官。雒陽令有掾史幹小史二百五十人。

成都庫封泥

右封泥三字半通印文曰。成都庫。桉漢書地理志。成都縣。屬

蜀郡攷。漢時郡國閒有庫令。縣邑之庫未聞置官。然則此成都庫印當爲主庫掾史之印。印廣半寸。高倍之。適當方寸印之半。兩漢金石記摹有圜印及史印。略與此同。引揚子法言五兩之綸半通之銅注曰。有秩嗇夫之印綬。印綬之徵者也。後漢書仲長統昌言曰身無半通青綸之命注。十三州志曰。有秩嗇夫得假半章印。又明王氏集古印譜有廷掾半印。今封泥有司空半印。司空亦掾史。足證此爲成都掾史之印無疑。

代郡車令封泥

右封泥四字印文曰。代郡車令。桉漢書地理志。代郡。秦置。屬幽州。陳氏簠齋印集又有代郡馬丞。皆史所未詳。

沈黎長封泥

右封泥四字印文曰。沈黎長印。桉史記西南夷傳。漢誅且蘭

邛君幷殺筰侯乃以筰都爲沈犁郡漢書張騫傳置沈黎文山郡錢氏漢書辨疑曰地理志無沈黎文山二郡沈黎省於天漢四年文山省於地節三年皆幷蜀郡黎即犁之篆文通黎故史記作犁漢書作黎也又攷郡守屬官有均長有長史是印但曰長所未詳

犍盬左丞封泥

右封泥四字印文曰。犍盬左丞。桉漢書地理志。犍爲郡犍。說文漢

碑漢印皆作榿。南安縣有鹽官。元和志。戎州義賓縣。眉州青神縣。榮州旭川洛官應靈三縣。並南安地。義賓有秋溪鹽井。榮州亦有鹽井。據此知爲榿爲郡鹽官令左丞之印也。續漢書百官志。其郡有鹽官鐵官工官都水官者。隨事廣狹置令長及丞。秩次皆如縣道。

齊鐵官封泥

右封泥四字印文曰。齊鐵官印。桉漢書地理志齊郡臨淄注。有服官鐵官。此出古臨淄土中。齊郡鐵官之印也。

齊口官封泥

右殘封泥四字印文存上二字。曰。齊官。下二字自是鐵印。出臨菑。坿齊鐵官印封泥後。

齊口官封泥

右殘封泥四字印文存上二字。曰齊官。出臨菑。同前。

齊□□封泥

右殘封泥四字印文存一叉半。曰。齊□。或曰。似服之右上。即齊郡臨菑服官之印。存此說。坿之齊鐵官印封泥後。出臨菑。

南郡發弩封泥

右封泥四字印文曰。南郡發弩。南郡二字在上。發弩二字在下。是上下横讀也。桉漢書地理志南郡注。秦置。又注有發弩官。師古曰。主教放弩也。簠齋陳氏臧有發弩半通。似秦印。此上下横讀之式。漢印無之。或秦印與。附郡守屬官後。

趙郡左田封泥

右封泥四字印文曰。趙郡左田。桉漢書地理志。趙國。故秦邯鄲郡。高帝四年爲趙國。景帝三年復爲邯鄲郡。五年復故。屬冀州。此曰趙郡。史未詳。左田。官名。簠齋臧有秦寑上左田銅印。蓋一時所制。

田廥封泥

右封泥二字半通官印文曰。田廥。攷說文。廥芻藁之藏。漢書天文志。其南衆星曰廥積。〔七〕如曰芻稾積爲廥。史記趙世家。徐廣曰。廥。廄之名。廣雅釋室。廥倉也。此自是田官掌芻稾者之印。疑是秦制。

闗都尉封泥

右封泥五字印文曰闗都尉印章桉漢書百官公卿表闗都尉秦官此其印也

扜關長封泥

右封泥四字印文曰。扜關長印。桉續漢書郡國志。巴郡扞水

有扞關。錢氏辨疑曰。公孫述傳。東守巴郡扞關之口[八]。李賢曰。故基在今峽州巴山縣西。關長之官。不見於兩漢表志。瞿氏印證曰。後漢書張禹傳言。祖父況。光武以爲常山關長。意守關之官。比縣邑之稱長。謹椄縣邑之長有尉。今封泥有扞關尉。瞿說是也。扞漢書作扞。當以印爲正。此關長之印也。

扜關尉封泥

右封泥四字印文曰。扜關尉印。扜關及關尉。詳前。

呼佗塞尉封泥

右封泥四字印文曰。呼佗塞尉。桉漢書地理志代郡鹵城縣

注作虖池周禮職方氏幷州其川虖池嘔夷禮記禮器必先有事於惡池鄭注惡當爲呼聲之誤也穆天子傳史記蘇秦傳竝作虖沱戰國策趙攻中山以擅滹沱虖从水秦詛楚文作亞駞亞卽惡省駞卽沱音沱池篆同虖乎古呼字此乎从口同鄭注它从亻則獨異史記秦始皇本紀城河上爲塞三秦記桃林塞師古曰取河華之固以爲阸塞此呼佗塞是漢仿古塞名所增置者塞尉關尉是掌關塞之官

□□塞□封泥

右封泥四字殘存一塞字。與前呼沱塞尉近似。姑坿於此。漢書功臣表有塞路。塞有官。亦見漢印。

後部宰丞封泥

雙虞壺齋封泥

右封泥四字印文曰。後部宰丞。桉漢書地理志注。郡縣道都尉治者三十三。中部都尉治者七。東部都尉治者十。西部都尉治者九。南部都尉治者四。内南部都尉一。北部都尉治者六。西南都尉治者一。左輔都尉治廣鬱都尉治江闕都尉治農都尉治宜禾都尉治匈歸都尉治主騎都尉治者各一。屬國都尉治者五〔九〕。未有前部後部。後漢書西域傳。自伊吾北通車師前部高昌壁千二百里。自高昌壁北通後部金滿城五百里。釋名釋宮室。獄。又謂之牢。言所在堅牢也。後漢書王霸傳注。祖父爲詔獄丞。此後部牢丞印。疑是漢官治西域後部者守獄之丞也。

卷四校記

〔一〕『免』，按内文作『兔』。

〔二〕『吴藏』，按内文中兩方『□河□守章』封泥均爲陳介祺所藏。

〔三〕『魯西鄉』，按《續修四庫全書》影印乾隆丁未洞涇草堂刻本、『叢書集成初編』據『史學叢書』排印本以及上海書店出版社二〇〇五年版黄曙輝點校本《十七史商榷》皆作『魯西寗鄉』。稿本作『魯西甯鄉』，『甯』字被框去。

〔四〕『雒陽』，按《漢書·地理志》爲衍文。『高帝更名』，乃更秦三川郡爲河南郡。

〔五〕『膠西矦印』，按嘉慶元年姚覲元重刻本《繆篆分韻》作『膠西侯印』。稿本作『膠西侯印』。

〔六〕『矦』，按《漢書·律曆志》作『侯』。稿本作『侯』。

〔七〕『如曰』，按《漢書·天文志》，『如』下脱『淳』字。稿本作『如涫曰』，『涫』字被框去。

〔八〕『錢氏辨疑曰公孫述傳東守巴郡扞關之日』，按錢大昭《續漢書辨疑》（清光緒中廣雅書局刊民國九年番禺徐紹棨彙編重印『廣雅書局叢書』本、『叢書集成初編』據『史學叢書』排印本）卷七、《後漢書·公孫述列傳》，『公孫述』皆作『公孫述』，『日』皆作『口』。

〔九〕『郡縣道都尉治者三十三中部都尉治者七東部都尉治者十西部都尉治者九南部都尉治者四内南部都尉一北部都尉治者六西南都尉治者一左輔都尉治廣鬱都尉治江關都尉治農都尉治宜禾都尉治匈歸都尉治主騎都尉治者各一屬國都尉治者五』，按《漢書·地理志》云：『漢興……訖於孝平，凡郡國一百三。』又按中華書局一九六二年版『點校本二十四史』本《漢書·地理志》，京兆尹、弘農郡、河東郡、上黨郡、河内郡、河南郡、潁川郡、江夏郡、廬江郡、濟陰郡、齊郡、北海郡、東萊郡、桂陽郡、武陵郡、零陵郡、蜀郡、益州郡、武都郡、金城郡、玄菟郡、南海郡、蒼梧郡、日南郡、趙國、廣平國、真定國、中山國、信都國、河間國、廣陽國、甾川國、膠東國、高密國、城陽國、淮陽國、梁國、東平國、魯國、楚國、泗水國、廣陵國、六安國、長沙國等四十四郡國未見設都尉，其餘五十九郡國設都尉如左：

左馮翊　左輔都尉治在高陵縣。

右扶風　右輔都尉治在郿縣。

太原郡　都尉治在廣武縣。

東　郡　都尉治在東阿縣。

陳留郡　都尉治在外黄縣。

汝南郡　都尉治在女陰縣。

南陽郡　都尉治在鄧縣。

南　郡　都尉治在夷陵縣。

九江郡　都尉治在歷陽縣。

山陽郡　都尉治在單父縣。

沛　郡　都尉治在蘄縣。

魏　郡　都尉治在魏縣。

鉅鹿郡　都尉治在下曲陽縣。

常山郡　都尉治在南行唐縣。

清河郡　都尉治在貝丘縣。

涿　郡　都尉治在安平縣。

勃海郡　都尉治在高成縣。

平原郡　都尉治在樂陵縣。

千乘郡　都尉治在蓼城縣。

濟南郡　都尉治在於陵縣。

泰山郡　都尉治在盧縣。

琅邪郡　都尉治在姑幕縣。

東海郡　都尉治在費縣。

臨淮郡　都尉治在盱眙縣。

會稽郡　西部都尉治在錢唐縣；南部都尉治在回浦縣。

丹陽郡　都尉治在歙縣。

豫章郡　都尉治在新淦縣。

漢中郡　都尉治在褒中縣。

廣漢郡　都尉治在緜竹縣；北部都尉治在陰平道。

犍爲郡　都尉治在漢陽縣。

越巂郡　都尉治在定莋縣。

牂柯郡　都尉治在夜郎縣；南部都尉治在進桑縣。

巴　郡　都尉治在魚復縣。

隴西郡　南部都尉治在臨洮縣。

天水郡　屬國都尉治在勇士縣；騎都尉治在貆道密艾亭。

武威郡　都尉治在休屠縣熊水障；北部都尉治在休屠縣休屠城。

張掖郡　都尉治于二处，一在日勒縣澤索谷，一在居延縣；農都尉治在番和縣。

酒泉郡　北部都尉治在會水縣偃泉障；東部都尉治在會水縣東部障；西部都尉治在乾齊縣西部障。

敦煌郡　都尉治于二处，在龍勒縣陽關、玉門關；中部都尉治在敦煌縣步廣候官；宜禾都尉治在廣至縣昆侖障。

安定郡　主騎都尉治在參䜌縣；屬國都尉治在三水縣。

北地郡　北部都尉治在富平縣神泉障；渾懷都尉治在塞外渾懷障。

上　郡　匈歸都尉治在塞外匈歸障；北部都尉治于二处，一在高望縣，一在望松縣；屬國都尉治在龜兹縣。

西河郡　南部都尉治于二处，在塞外翁龍、埤是；屬國都尉治在美稷縣；北部都尉治在增山縣；西部都尉治在虎猛縣。

朔方郡　西部都尉治在窳渾縣；中部都尉治在渠搜縣；東部都尉治在廣牧縣。

五原郡　東部都尉治在稒陽縣；屬國都尉治在蒲澤縣；中部都尉治在成宜縣原高；西部都尉治在成宜縣田辟。

雲中郡　東部都尉治在陶林縣；西部都尉治在楨陵縣；中部都尉治在北輿縣。

定襄郡　西部都尉治在武進縣；中部都尉治在武皋縣；東部都尉治在武要縣。

雁門郡　西部都尉治在沃陽縣；東部都尉治在平城縣。

代　郡　西部都尉治在高柳縣；東部都尉治在馬城縣；中部都尉治在且如縣。

上谷郡　西部都尉治在寧縣；東部都尉治在女祈縣。

漁陽郡　都尉治在要陽縣。

右北平郡　都尉治在薋縣。

遼西郡　西部都尉治在柳城縣；東部都尉治在交黎縣。

遼東郡　西部都尉治在無慮縣；中部都尉治在候城縣；東部都尉治在武次縣。

樂浪郡　南部都尉治在昭明縣；東部都尉治在不而縣。

鬱林郡　都尉治在領方縣。

交趾郡　都尉治在麊泠縣。

合浦郡　都尉治在朱盧縣。

九真郡　都尉治在無切縣。

據此，郡都尉治有四十一處，中部都尉治有七處，东部都尉治有十一處，西部都尉治有十二處，南部都尉治有六處，北部都尉治有六處，左輔都尉治一處，農都尉治一處，宜禾都尉治一處，匈歸都尉治一處，主騎都尉治一處，屬國都尉治五處。另有右輔都尉治一處，騎都尉治一處，渾懷都尉治一處。未見『内南都尉』『西南都尉』『廣鬱都尉』『江關都尉』。《漢書·地理志》『牂柯郡』下『夜郎縣』注云：『豚水東至廣鬱。都尉治。』『巴郡』下『魚復縣』注云：『江關，都尉治。』『廣鬱都尉』『江關都尉』疑爲《封泥考略》誤讀。『内南都尉』『西南都尉』亦或爲誤識誤讀也未可知。